GTB
Gütersloher Taschenbücher
918

Christoph Hartlieb

Ein Mensch, von Hauptberuf Pastor...
...für Haus, Gemeinde und den Chor

Gütersloher Verlagshaus
Gerd Mohn

Originalausgabe

Die Deutsche Bibliothek – CIP-Einheitsaufnahme

Hartlieb, Christoph:
Ein Mensch, von Hauptberuf Pastor...:...Für Haus,
Gemeinde und den Chor / Christoph Hartlieb. – Orig.-
Ausg. – Gütersloh: Gütersloher Verl.-Haus Mohn, 1993
  (Gütersloher Taschenbücher; 918)
  ISBN 3-579-00918-4
NE: GT

ISBN 3-579-00918-4
© Gütersloher Verlagshaus Gerd Mohn, Gütersloh 1993

Das Werk einschließlich aller seiner Teile ist urheberrechtlich geschützt. Jede Verwertung außerhalb der engen Grenzen des Urheberrechtsgesetzes ist ohne Zustimmung des Verlages unzulässig und strafbar. Das gilt insbesondere für Vervielfältigungen, Übersetzungen, Mikroverfilmungen und die Einspeicherung und Verarbeitung in elektronischen Systemen.

Umschlaggestaltung: Dieter Rehder, Kelmis/Belgien, unter Verwendung einer Zeichnung von Friedel Steinmann, Essen
Gesamtherstellung: Clausen & Bosse, Leck
Printed in Germany

Inhalt

Vorrede 7

Von Pfarrers Freud und Leid

Der Pfarrer 13
Wer bin ich? 16
So gut möchte ich es auch haben! . . . 17
Man hat's nicht leicht 18
Pfarrerwochenende 21
Taufe 30
Konfirmandenunterricht 32
Predigt für eine besondere Zielgruppe 34
Der Kirchenschlaf 35
Entschuldigungen 39
Kollekte 41

Vom Lauf der Zeit

Von der Wiege bis zur Bahre 43
Meine Zeit steht in deinen Händen . . 44
Mai 45
Heilig Abend 48
Silvester 49
Jahreswende 50
Zum neuen Jahr 52
Genesungswünsche 54
Geburtstag 56

Zum neuen Lebensjahr 57
Nimm jedes Jahr aus Gottes Hand . . 59
Liebe 61

Von Heiliger Schrift und heiligen Menschen

Die Bibel 63
Babel 67
Sankt Florian 69
Christophorus 70
Katharina 72
Die Erschaffung des Menschen 74
Der Sündenfall 77
Kain und Abel 80
Die Sintflut 82
»Selig sind, die Frieden stiften...« . . 85
Viele Glieder – ein Leib 87
Das Hohelied der Liebe 91
Der Baum 92
Nachfolge 93
Gott – wer ist das? 94

Vorrede

Verehrter Leser, immer wieder
ertönen ringsum Klagelieder.
Das Urteil lautet kurz und knapp:
Es ging und geht noch stets bergab.
Bewährte Überlieferungen
sind ausgestorben und verklungen.
Verachtung und Zerfall bedrohn
auch Kirche, Glauben, Religion.
Dies alles wird dann oft bewiesen
durch kluge Zustandsanalysen.

Auch mich ließ dieser Trend nicht ruhn.
Es schien mir klug und opportun,
den Leser mit bestimmten Sachen,
wie ich sie seh, bekannt zu machen.
In Anbetracht der ernsten Lage
stell ich die seriöse Frage:
»Woran wird heut ein Protestant
von anderen als Christ erkannt?«

Der Antworten gibt's sicher viele,
teils grobschlächtige, teils subtile.
Nach meiner eig'nen Analyse
ist die korrekte Antwort diese:

Liegt auch der Unterricht entfernt,
eins hat der Protestant gelernt:
Gott hat ihn gern, und obendrein
tut er nichts lieber als verzeihn.
So zieht der Mensch gewisse Schlüsse,

besonders den, daß er nichts müsse,
was sich zu einer Pflicht ausweitet
und ihm gar Anstrengung bereitet.
Er sagt's nicht laut, doch denkt er still:
Im Grunde tu ich, was ich will.
Denn was ich lasse oder tu,
Gott drückt bestimmt ein Auge zu.
Wer weiß, ob Werke nicht gar schaden,
denn er erlöst allein aus Gnaden.

Dazu kommt allerdings, das stimmt,
daß er Gott kaum in Anspruch nimmt.
Ist er nur glücklich und gesund,
besteht dazu auch wenig Grund.
Erst wenn er selbst nicht weiterkann,
dann fleht er ihn um Hilfe an
mit der Erwartung, daß er prompt
und wirkungsvoll zu Hilfe kommt.
Doch hilft Gott ihm womöglich nicht,
versäumt er also seine Pflicht,
dann wird der Mensch fuchsteufelswild,
weil Gott sein Flehen nicht erfüllt:
zu diesem Zweck ist er doch da,
natürlich, sola gratia.

Auch Gottes Bodenpersonal,
die Kirche, ist ihm meist egal,
denn sie beschränkt den Freiheitsdrang
durch sturen, widerlichen Zwang,
weil ja der Mensch nicht alles dürfe,
woraus er Lust und Labsal schlürfe.
Auch stecke unter den Talaren
der Mief und Muff von tausend Jahren.

Die sogenannten Himmelsgüter
sei'n bloß verstaubte Ladenhüter
für Alte, Sterbende und Kranke.
Er brauche so was nicht, nein danke!

Im Weltanschauungswarenhaus
sucht er sich Passenderes aus
und läßt es sich gern etwas kosten,
kommt wieder Neues aus dem Osten:
Gewiefte Gurus und Schamanen,
Inkarnation verstorb'ner Ahnen,
New Age im Bild des Wassermanns,
okkulter Hexenmummenschanz,
ein Tibettrip zum Dalai Lama
und kultisches Gebet zu Brahma.
Dies bringt ihm inneren Gewinn,
vor allem aber, es ist in.

Deswegen, so beweist er schlüssig,
ist er der Kirche überdrüssig
und macht von der Gemeinde auch
nur selten sparsamen Gebrauch.
Zum Beispiel etwa Heiligabend
wirkt Gottesdienstbesuch erlabend,
und Frömmigkeit wird neu entfacht,
erklingt am Ende »Stille Nacht«.

Sonst gibt's noch vier Gelegenheiten,
um fromme Wege zu beschreiten:
Er wird getauft und konfirmiert,
getraut und in sein Grab bugsiert.
Hier ist ihm überaus gelegen
an rituellen Kirchensegen,

denn solche Lebensübergänge
bewirken ein Gefühl der Enge,
von Angst, Zwiespältigkeit und Trauer,
als stünde man vor einer Mauer,
und jeder Punkt in dieser Reihe
bedarf der stimmungsvollen Weihe.
Zu dunkel ist, was kommen wird,
wer meint, er wüßte es, der irrt.
Weil's keiner weiß, kommt ihm zugute
der Hinweis auf das Absolute,
das ihn auch dann umgibt und hält,
wenn alles sonst zusammenfällt
und selbstgemachte Sicherheiten
nicht Heilung bringen, sondern Pleiten.

Die Bibel hat er, Gott sei Dank,
goldschnittverziert im Bücherschrank,
nachdem er sie, als Oma starb,
nebst anderm Haushaltskram erwarb,
von jenem Luther übersetzt,
den er als Protestant so schätzt
und der dies tat zu dem Behuf,
daß er die deutsche Sprache schuf,
wofür man dem gelehrten Mann
nicht Dank genug abstatten kann.
Drin lesen, ach, es tut ihm leid,
da fehlen ihm Geduld und Zeit.

Sein wichtigster Charakterzug:
Er selber ist sich selbst genug.
Gott und den Nächsten braucht er nur
bei rückläufiger Konjunktur.

Verehrter Leser, Mensch und Christ!
Du fragst Dich, ob es echt so ist?
Ist etwa, was ich hier beschrieben,
erdacht und maßlos übertrieben?
Beobachte dich eine Zeit,
und irgendwann sag mir Bescheid.
Mir wär's am liebsten, jede Wette,
wenn ich's verkehrt gesehen hätte.
Mein Rat heißt nüchtern und wohlfeil:
Beweise mir das Gegenteil!

Von Pfarrers Freud und Leid

Der Pfarrer

Seit Luther einst mit einer Nonne
genoß legale Ehewonne
und dann, je länger sie genossen,
auch Kinder diesem Bund entsprossen,

gilt vielerseits das Zölibat
Für Priester selbst als öd und fad.
Das Pfarrhaus andrerseits gerät
zum Inbegriff von Qualität

für Rosenzüchten, Hausmusik,
Gelehrsamkeit, Familienglück,
für Bienenhonig, Heimatkunde
und allzeit frohe Tafelrunde.

Zwar sagen manche, daß nur selten
sein Nachwuchs kann als tauglich gelten,
was andere bezweifeln, denn
es gibt auch Nietzsche, Hegel, Benn.

Es soll und darf ein Pfarrer eben
die Sünden anderer vergeben,
doch wehe seinem Ansehn, wehe,
falls er sie selbst einmal begehe.

Wenn das Examen ihm geglückt,
ist er dem Irdischen entrückt.
Ob diese Rolle schmeckt, ob schreckt,
nun sei er makellos perfekt:

Gastfreundlich, kompromißbereit,
wohlwollend, herzlich und gescheit;
ausgleichend, tolerant, gelassen,
zugleich Hans Dampf in allen Gassen.

Mit Lehrer, Arzt und Bürgermeister
sitzt er beim Doppelkopf und speist er.
Sein guter Rat ist stets willkommen
sowohl bei Bösen als bei Frommen.

In langer Reihe kennt er schon
Uropa, Opa, Vater, Sohn.
Er tauft und konfirmiert und traut
im Dorfe Bräutigam und Braut.

So liest man's oft in den Romanen,
in kirchlichen und auch profanen.
Tatsächlich war, weithin im Land,
er integriert und anerkannt.

Bis heute geht es ihm nicht schlecht,
gesichert durch Beamtenrecht,
denn das System der Kirchensteuer
sorgt fristgemäß für seine Heuer.

Und wie die Füchse haben Gruben,
so hat sein Pfarrhaus viele Stuben
im Widerspruch zu seinem Herrn,
der selbst stand allem Reichtum fern.

Auch immer wieder, trotz Protest,
nagelt das Volk ihn darauf fest,
daß er ein Vorbild werde denen,
die sich nach einem solchen sehnen.

Es führt, so weiß man, diese Pose
bei dem und jenem zur Neurose.
Dies Traumziel nur erreichen kann
ein Übermensch und Supermann.

Doch sind wir Sünder allzumal,
ob weltlich oder pastoral.
Nichts gilt die äußere Fassade;
was zählt, ist einzig Gottes Gnade.

Dies tue jeder Pfarrer kund
aus vollem Herz mit Hand und Mund.
Dann wird trotz allem Widerstreben
in Zukunft auch die Kirche leben.

Wer bin ich?

Ein Mensch, von Hauptberuf Pastor
und Oberstudienrat davor,
einmeterfünfundachtzig lang,
kein Held, doch vor dem Tod nicht bang;
Christophorus, der Christus trägt,
nein, umgekehrt, von ihm bewegt,
ein intellektueller Typ,
am Anfang HART, am Ende LIEB,
sucht nach der Wahrheit überall
im Sein, im Werden, im Verfall.
Nicht viel besitzend, aber reich,
verfolgt von Zweifeln, fromm zugleich,
ein ernster Mensch, der gerne lacht,
obwohl er niemals Witze macht;
der reden kann, doch lieber schweigt
und, was er fühlt, nur selten zeigt.
Aufgrund der eigenen Gebrechen
verständnisvoll für fremde Schwächen.
Von Widersprüchen angelockt,
von kleinlichem Gezänk geschockt.
Beinah besessen, Sinn zu orten
in Predigt, Versen, also Worten,
doch überführt vom Augenschein:
Der Mensch lebt nicht vom Wort allein.
Sein Wunsch: Das Ungereimte reimen,
Zerbrochenes zusammenleimen,
den Sprung ins Ungewisse wagen,
um dem Geheimnis nachzujagen.

So gut möchte ich es auch haben!

Der Pfarrer ist für viele Leute
des Müßigganges fette Beute.
Er schwelgt zu jedermannes Neid
in Nichtstun und Behaglichkeit.

Es sei, daß er ein Baby taufe,
bei einer Hochzeit sich besaufe,
gelegentlich zum Friedhof schleiche
zwecks letzter Segnung einer Leiche.

Ein Mensch, der eben dieses wähnte,
daß jener nur im Sessel lehnte,
um höchstens ein paar kurze Thesen
im Gottesdienst dann vorzulesen,

nur er mit seinen schwachen Kräften
sei dauernd tätig in Geschäften
im Schweiße seines Angesichts,
jedoch sein Pfarrer tue nichts,

ein solcher Mensch vernehmlich grollte,
als jener in die Ferien wollte:
»Sie arbeiten das ganze Jahr
nur Sonntagmorgen am Altar.

Jetzt fliegen Sie nach Teneriffa
und spielen dort den Freizeitschiffer.
Sich sonnen und Sandburgen graben,
so gut möcht ich es auch mal haben.

Sie ruhen Ihre müden Knochen
im Urlaub aus vier lange Wochen.«
»Ein kleiner Irrtum, ohne Frage:
Nach Ihrer Rechnung nur vier Tage!«

Man hat's nicht leicht

Es recht zu machen jedermann
ist eine Kunst, die niemand kann.
Darauf geb ich euch Brief und Stempel
anhand der folgenden Exempel,
wobei der Pfarrer in dem Falle
nur Beispiel ist für beinah alle.
Auch Bettler, Butler, Boxer, Bäcker
sind ausgeliefert dem Gemecker.

Beim Gottesdienst von altersher
ist Einverständnis äußerst schwer.
Predigt der Pfarrer gut verständlich,
dann schreit er in der Kirche schändlich;
predigt er lautstark ganz normal,
ist ihm zu lauschen eine Qual.
Hat er am Sonntag einmal frei,
ertönt erst recht Protestgeschrei.

Spricht er vom ewigen Gericht,
verkündigt er die Gnade nicht,
dann kümmert er sich wohl nicht drum,
was steht im Evangelium.
Verkündigt er den Sündern Gnade,

so ist noch größer fast der Schade;
denn jeder meint, er dürfe nun,
was immer ihm gefällt, auch tun.

Schürft gründlich tief die Exegese,
so werden viele Menschen böse:
»Wie rücksichtslos und ungezogen,
wir sind doch keine Theologen!«
Erwähnt er seine Alltagspflichten,
was Funk und Zeitungen berichten,
fragt sicher jemand indigniert:
»Hat der Theologie studiert?«

Zum Thema »Hausbesuche machen«:
Hier schnüffelt er in fremden Sachen.
Er soll sich seiner Neugier schämen,
sich nicht so furchtbar wichtig nehmen!
Doch macht er selten seine Runde,
geht die Gemeinde vor die Hunde.
»Für unsre Kirchensteuer kann
doch öfters kommen dieser Mann!«

Versteht er's gut mit Konfirmanden,
so daß auch sie zur Kirche fanden,
dann treibt er bloß Allotria,
und mancher flüstert spitz: »Na ja.«
Faßt er die Kinder strenger an,
gibt Hausaufgaben dann und wann,
wirkt er durch Leistungsdruck und Streß
wie's Ungeheuer von Loch Ness.

Hat er zu ganz bestimmten Fragen
die eigne Meinung vorzutragen,
so will er Recht behalten nur,
ist unbelehrbar, hart und stur.
Ist höflich er, vermeidet Streit,
dann fehlt ihm die Glaubwürdigkeit;
er scheut als Bürger und als Christ
zu sagen, was zu sagen ist.

Hilft bei der Arbeit seine Frau,
dann wissen Schlaumeyer genau:
Es steht der müde, lahme Stoffel
ganz unter weiblichem Pantoffel.
Erfüllt sie ihre Pflicht als Mutter,
sorgt vollberuflich mit fürs Futter,
so wird dies gottlose Verhalten
besonders ärgern alle Alten.

Wird fülliger er um die Taille,
dann frißt und futtert die Kanaille
sich kreuz und quer durch die Gemeinde
und schafft sich so intime Feinde.
Ist schmal und sportlich seine Linie,
vergleichbar einer schlanken Pinie,
muß er zu Hause Hunger leiden –
sein Schicksal ist nicht zu beneiden.

Ist er noch unverbraucht und jung,
frisch von der Uni und voll Schwung,
ergeht's ihm anders als dem Harung:
Es fehlt ihm schlichtweg an Erfahrung.
Nimmt er allmählich zu an Alter,

heißt es voll Mitleid: Mein Gott, Walter.
Wird er versetzt, dann fällt ein Schatten:
»Er war der beste, den wir hatten.«

Pfarrerwochenende

An jedem Somstagnachmittag
sitzt Pfarrer Hartlieb aus Den Haag –
es sei denn, daß es anders sei,
weil er am Sonntag predigtfrei –
gleich vielen Tausenden Pastoren
gedanken- und auch sonst verloren
bei felsenfest geschloß'ner Türe,
damit er keinen Hauch verspüre
von der Versuchung dieser Welt,
der er ja oft genug verfällt,
an seiner Riesenschreibtischplatte
vor einem blütenweißen Blatte.
Er weiß, wenn er es nicht beschreibt,
daß leer es, wie es war, auch bleibt.
Er räkelt sich auf seinem Stuhle,
auf daß er in Erkenntnis suhle
und mit geschultem Kennerauge
dieselbe aus den Büchern sauge,
die in verschwendend großer Zahl
zuerst noch standen im Regal,
doch jetzt in Sonderexemplaren
sich halbkreisförmig um ihn scharen.
Er sitzt, was ihm die Frau verübelt,
furcht seine Stirn, denkt nach und grübelt,

was er des heil'gen Geistes voll,
im Gottesdienst verkünden soll.
Er weiß, daß selbst der stärkste Geist
sich dann als wirkungslos erweist,
wenn Menschen aus Bequemlichkeit
verzichten auf die Mitarbeit.
Er kennt als lang erfahrner Pope
natürlich auch die Perikope
des Feiertages, etwa die
von Quasimodogeniti,
die er nun zu beackern hat.
Doch immer noch ist leer das Blatt.

Damit er sich Gedanken spare
durchblättert er die Kommentare,
die Menschen mit besond'ren Gaben
zu diesem Zweck geschrieben haben,
damit das Dunkle in der Bibel
werd' unzweideutig und plausibel.
Er weiß, es sind die Professoren,
die dieses Lebenswerk erkoren,
um sich und andern zu begründen,
wie prächtig sie ihr Fach verstünden,
und daß deshalb die meisten Stellen
von Geist und Scharfsinn überquellen.
Natürlich wird auch er gescheiter,
doch leider hilft ihm das nicht weiter.
Er weiß, daß viel Gelehrsamkeit
die Hörer keineswegs erfreut,
und außerdem kennt er die These:
Predigt ist keine Exegese.
Was er soeben überflogen,
scheint zu vergangenheitsbezogen,

zu theoretisch und abstrakt,
als daß es interessiert und packt.
Er weiß, Vergangenes erwähnen
erzeugt bei vielen Hörern Gähnen.
Er starrt auf's Blatt, gedankenschwer,
jedoch dasselbige bleibt leer.

Da greift er zwecks Bewußtseinsweitung
zur extra dicken Samstagszeitung
und meint, er fände darin schneller
ein Beispiel, welches aktueller.
Er weiß, Geschichten aus dem Leben
der Predigt Reiz und Würze geben.
Der Hörer merkt dann sicherlich:
Es geht im Grunde hier um mich.
Viel Stories stehen ihm zur Wahl,
teils ohne, teils auch mit Moral.
Vielleicht von jenem Schäferhunde,
der seinen Herrn in letzter Stunde,
obwohl er vorher angekettet,
vor dem Verbrennungstode rettet.
Vielleicht auch von dem Liebespaare,
das nunmehr einundsechzig Jahre
das schwierige Problem anficht,
ob sie nun sollen oder nicht.

Der Pfarrer liest – und liest sich satt,
doch unbeschrieben bleibt das Blatt.
Er weiß, Erzählungen wie diese,
die drücken auf die Tränendrüse.
Die Hörer unten im Gestühle
erwarten einerseits Gefühle,
nicht dürre, langweilige Worte

von jener oft gerügten Sorte,
wobei sie heimlich unter Gähnen
sich nach dem Predigtende sehnen.
Doch andrerseits ist es beileibe
nicht nützlich, daß er übertreibe.
Er weiß, daß Übertreibung leicht
das Gegenteil von dem erreicht,
was man doch gern erreichen möchte,
das Gute nämlich, nicht das Schlechte.
Rohstoff aus diesem Arsenal
scheint ihm zu billig und banal,
bestimmt allein für Märchentanten,
und lose Schmierenkomödianten,
wogegen er seit je besteht
auf strenger Seriosität.

Er plant darum nach dieser Pleite,
daß neue Wege er beschreite.
Bis auf den tiefsten Bodensatz
durchforscht er den Gedächtnisschatz,
was sich in den vergang'nen Tagen
in seinem Dunstkreis zugetragen.
Er weiß, es gilt zu jeder Zeit
für ihn die Amtsverschwiegenheit.
Deswegen nennt in diesem Rahmen
er selbstverständlich keine Namen.
Er zeichnet nur mit grobem Striche
das Ungewöhnlich – Wesentliche,
was er bei seinen Hausbesuchen
vernahm bei Kaffee und bei Kuchen;
was Kinder aus dem Kindergarten
von Schule und Beruf erwarten;
was gestern ein Passant im Spaße

ihm zurief auf der Bahnhofstraße,
und was befreundete Kollegen
in diesem Fall zu sagen pflegen,
auf daß er schlicht und klar enthülle
des Lebens Mühsal und Idylle,
und er erhofft sich als Ergebnis
das wichtige Aha-Erlebnis,
so daß den meisten, wenn nicht allen
die Schuppen von den Augen fallen,
bis er zusammenzuckt und schwankt,
ob er da nicht zu viel verlangt.
Er weiß, durch viele Eskapaden
verliert man leicht den roten Faden,
und nimmt sich vor, bei seinem Schaffen
nun den Gedankenstrom zu straffen.

Er weiß wohl, daß Gedankenfetzen
noch keine Ansprache ersetzen.
Erst muß er also die Gedanken,
die wie in einem Urwald ranken
und in ihm selber sozusagen
die kühnsten Purzelbäume schlagen,
nach ganz bestimmten Punkten sichten
und sorgsam aufeinanderschichten,
sodann die hölzernen und steifen
Wortungetüme sprachlich schleifen,
so daß der Mensch, der zuhörn muß,
dies gerne tut und mit Genuß.
Er weiß, man schätzt oft ganz enorm
nicht nur den Inhalt, auch die Form,
und wichtig für die Harmonie
ist nicht das Was, vielmehr das Wie.

Um Öl zu gießen auf die Wogen,
es geht hier nicht um Demagogen,
die raffiniert mit eindrucksvollen
Versprechen andre ködern wollen,
obwohl man dieses ungefragt
auch manchmal von den Pfarrern sagt.
Er will allein, daß die, die hören,
sich nicht nur darüber empören,
daß er zwar viele Einzeldinge,
doch diese schlecht geordnet bringe.
Er weiß, daß es nur darum geht:
Nicht Quanti-, sondern Qualität.

Noch immer ist jungfräulich glatt
und unberührt das weiße Blatt.
Es will ihm einfach nicht gelingen,
den Anfang zu Papier zu bringen.
Er weiß, der Anfang ist am Schluß
von Wert für Minus oder Plus;
denn wenn der erste Satz mißrät,
ist es beim zweiten oft zu spät.
Er kann sich darnach noch so mühen,
das Augenmerk auf sich zu ziehen,
die Hörer haben abgeschaltet,
ihr Interesse ist erkaltet.

Daß er zumindest etwas schreibe
und so das Vakuum vertreibe,
jedoch mit keinem sich verfeinde,
schreibt er zunächst: Liebe Gemeinde.
Hurra, nicht leer ist nun das Blatt!

Doch findet Fortsetzung nicht statt.
Er fühlt nach diesem Schöpfungsakt
sich geistlich ausgelaugt und nackt
gleich einer Frau, die ganz und gar
verausgabt ist, weil sie gebar.
Trotzdem und deshalb schwebt er fix
im Taumel höchsten Erdenglücks,
denn dieses herrliche Begebnis
ist für ihn ein Erfolgserlebnis,
das jeder, der auf Erden kraucht,
so dringend wie die Sonne braucht.

Jedoch sein Glücksgefühl verfliegt,
als klar wird, daß dies nicht genügt.
Es wandelt sich der erste Schwung
in lähmende Ernüchterung.
Er weiß, es ist nicht opportun
auf Lorbeer'n lange auszuruhn,
weil so ein Lorbeerkranz zuletzt
bewirkt, daß man sich überschätzt,
und böse ist dann das Erwachen,
vielleicht gar so, daß andere lachen.
Es wird noch viel von ihm erwartet,
woraus nichts wird, falls er nicht startet;
Dies nennt man heute Leistungsdruck,
er gibt sich darum einen Ruck,
um, sei es auch mit Schweißvergießen,
den Quell der Wahrheit zu erschließen.
Gelingt es ihm durch Bleistiftlutschen
das Denkvermögen aufzuputschen,
so daß er wiederum gerät
ins Licht der Kreativität?

Er merkt, obwohl er kräftig saugt,
daß die Methode auch nicht taugt,
und folgert daraus klipp und klar,
daß er auf einem Holzweg war.

Wohl viele Stunden sind vergangen;
der Abend hat schon angefangen.
Dreiviertel leer ist noch das Blatt.
Er fühlt sich unerklärlich matt,
und Spuren von Erschöpfung haben
sich tief in seine Stirn gegraben.
Der Körper, sonst des Geistes Knecht,
verlangt stets dringender sein Recht.
Er weiß zwar, daß ein voller Bauch
nicht gern studiert. Doch weiß er auch:
Ein knurrender und leerer Magen
bereitet noch mehr Unbehagen.
Das Denken dreht auf diese Weise
sich darauf allzu leicht im Kreise,
denn die erschafften Sinne suchen
nach Wurst mit Senf und Apfelkuchen.

Er weiß, ein Kratzen in der Kehle
verdüstert schließlich auch die Seele,
weil, sei er noch so sehr Asket,
da ein Zusammenhang besteht
und er, zum eigenen Verdruß,
sich ständig selbst ermahnen muß,
nicht jeden Strohhalm zu ergreifen,
um von der Arbeit abzuschweifen.
Er weiß, daß Durst, der nicht gelindert,

ein gutes Resultat verhindert.
Zwecks einer kreativen Pause
strebt er darum in seinem Hause
zu einem Ort, von dem er weiß,
es liegt dort vieles, teils auf Eis,
womit er seine Schwachheit zügelt
und sich zu neuem Schwung beflügelt.
Er weiß, daß jeder, der da werkt,
ein Anrecht hat, daß er sich stärkt,
ja selbst ein Ochse, der da drischt,
tut nichts, wenn er sich nicht erfrischt.

Nachdem die fromme Tätigkeit,
ich meine die vor dieser Zeit,
so unversehens abgerissen,
schwebt jedermann im Ungewissen
ob sie wohl weitergeht und wie.
Wahrscheinlich hören wir es nie.
Wer das Ergebnis wissen will,
der schleiche sich am Sonntag still
in irgendeinen Gottesdienst.
Auch du, der du zu meinen schienst,
ein Pfarrer lege seine Hände
sacht in den Schoß am Wochenende,
nachdem er an den Wochentagen
die Stunden sinnlos totgeschlagen,
dem Bibelwort gehorchend brav:
Den Seinen gibt's der Herr im Schlaf.

O Leser, der du darin irrst,
ich hoffe felsenfest, du wirst
demnächst den vielen, faulen Witzen
und den Bemerkungen, den spitzen,
die jenem Lob und Ansehn rauben
entgegentreten und nicht glauben.
Du weißt es jetzt, wenn andre ruhn,
hat er zu denken und zu tun.

Taufe

Die Taufe ist ein Sakrament,
das jeder Christ erfährt und kennt,
seit Jesus Christus sie befahl
genauswo wie das Abendmahl.

Weil er die Kinder zu sich lud,
erscheint es angebracht und gut,
daß Säuglinge sie schon empfangen,
obwohl sie nicht danach verlangen.

In Wort und Tat wird kundgegeben:
Gott selber ist und will das Leben.
Er ist es, der am Anfang steht,
und immer wieder neu einlädt.

Die Taufe macht mich nicht vollkommen.
Sie sagt: Gott hat mich angenommen.
Er akzeptiert mich, wie ich bin,
und darum hat mein Leben Sinn.

Nicht was ich leiste, kann und tauge,
das rettet mich in Gottes Auge.
Bei ihm bin ich geliebt und groß
zu jeder Zeit, bedingungslos.

Fühl ich mich hier im Weltgetümmel
allein und einsam, Gott im Himmel
umfängt und trägt mich überall,
so weit ich flieh, so tief ich fall.

Und alle Christen der Gemeinde
sind meine Schwestern, Brüder, Freunde;
gehören Gott als seine Kinder,
gerade Schwächlinge und Sünder.

Dem Tod gilt eine Galgenfrist,
seit Christus auferstanden ist.
Er will mich durch des Glaubens Türen
ins Land geschenkter Freiheit führen.

Er ist bereit, die Schuld zu streichen.
So kann die Angst vor Strafe weichen.
Drum halt ich, ohne daß er droht,
nun gern und dankbar sein Gebot:

Gott liebe unabänderlich
und deinen Nächsten so wie dich.
Sei zu dem anderen so gut,
wie du dir wünschst, daß er es tut.

Konfirmandenunterricht

Ich streife nun aus meiner Sicht
den Konfirmandenunterricht.
Seit Luthers Zeiten schon geübt
ist er noch relativ »beliebt«,

obwohl die Mädchen und die Jungen
erscheinen häufig nur gezwungen.
Verstehe dies, wer es versteht:
Man geht oft deshalb, weil man geht.

Konfirmation gilt weit und breit
als Abschlußpunkt der Kindheitszeit,
als eine Form »rite de passage«,
was viele Pfarrer bringt in Rage;

denn sie betrachten diese Pflicht
als eine Art Taufunterricht
gemäß dem Taufbefehl, der fand sich
sehr klar Matthäus 28.

Die Kinder solln in Wort und Taten,
wie einst die Eltern und die Paten,
sich frei und selbständig entscheiden
und Heuchelei dabei vermeiden.

Besonders Jugendpsychologen
behaupten hier in Bausch und Bogen:
Man ist mit 13, 14 Jahren
zu unreif und zu unerfahren.

Der Kleine Katechismus steht
im Zentrum der Aktivität:
Das apostolische Bekenntnis,
ein tieferes Gebetsverständnis;

die Bibel, sicher das NT
und Lieder aus dem EKG.
Bestimmt wird einmal vorgelesen
aus Martin Luthers 90 Thesen.

Jedoch sehr viele Gruppen wagen
sich auch an aktuelle Fragen:
Was ist am Glauben falsch und richtig?
Wozu ist die Gemeinde wichtig?

In welchem Falle soll man beten?
Wo findet man Autoritäten?
Wie weit verpflichtet Gut und Geld?
Weshalb besteht »Brot für die Welt«?

In hartem Ringen sucht man Klarheit:
Was ist Gewissen, Liebe, Wahrheit?
Gehorsam, Freiheit, Schuld, Vergeben?
und was bedeutet: Christlich leben?

Vielleicht – es läßt sich nur vermuten –
führt der KU doch noch zum Guten:
Zu lernen, daß wohl jeder Christ
mit Gott niemals am Ende ist.

Im Gottesdienst sich einzuüben,
sein Wort und sein Gebot zu lieben,
durch Beichte und beim Abendmahl
erlöst zu sein von aller Qual.

Es steht im Glauben, Lieben, Hoffen
dem, der es will, stets Neues offen,
und alle brauchen, alt und jung,
Konfirmation, Befestigung.

Predigt für eine besondere Zielgruppe

Ihr meine lieben leeren Bänke,
wenn ich an euer Beispiel denke,
erfaßt mich tiefe Dankbarkeit,
weil ihr so gottesfürchtig seid.

Ihr seit vorbildlich zuverlässig,
ihr tratscht und faselt nicht gehässig,
ihr wollt euch nicht den Leuten zeigen,
ihr lauscht gespannt und könnt auch
                                schweigen.

Ob warm das Wetter oder kalt,
ob Sonne auf den Globus knallt,
ob Glatteis, Nebel oder Regen,
ihr zögert nicht und seid zugegen.

Ihr seid nicht Barometerchristen,
nicht trügerische Kantonisten,
nicht laue Laffen, flaue Flöten
frei nach dem Motto: Not lehrt beten.

Nicht ausgerechnet Sonntagmorgen
müßt ihr beim Nachbarn etwas borgen,
spazieren gehn, Briefmarken sammeln,
das Auto waschen, fernsehn, gammelm.

Ihr laßt euch nicht durch Druck erweichen,
seid zäh und hart wie deutsche Eichen
und fest verankert in der Gruppe;
die Meinung andrer ist euch schnuppe.

Trotz dieser Härte, ja deswegen,
gereicht ihr allerseits zum Segen:
Ihr bietet Platz und Halt den Müden,
helft mit zu Frömmigkeit und Frieden.

Das ist der Punkt, geliebte Bänke,
worauf ich gern die Blicke lenke,
daß ihr als Gleichnis dienen könnt
wie einst im neuen Testament.

Der Kirchenschlaf

Ein äußerst düsteres Kapitel,
das ich mit Abscheu hier bekrittel,
obwohl's seit jeher viele traf,
ist der berühmte Kirchenschlaf.
Er gilt, belauscht man Volkes Mund,
als heilsam, stärkend und gesund,
weswegen, wenn auch viele spotten,

es kaum gelingt, ihn auszurotten,
und selbst die allerfrömmsten Frommen
oft heftig in Versuchung kommen.

Obwohl die echte Kirchenbank,
man muß fast sagen: Gott sei Dank,
sei es durch Zufall oder List,
so hart und steif gezimmert ist,
daß dem normalen Gottesschäfchen
vergeht der Wunsch nach einem Schläfchen,
und diese Bank dem, der sie kennt,
erscheint als Marterinstrument,
wo er vor Unbequemlichkeit
und Qualen innerlich laut schreit,
trotzdem sieht selbst im Gotteshaus
die Praxis oft erschütternd aus.

Der Mensch, der erst in Morgenstunden
hat seinen Weg ins Bett gefunden,
wird überwältigt von dem Sehnen,
den Mund zu öffnen, um zu gähnen,
wobei es ihm zunächst noch glückt,
daß er den Anfall unterdrückt.
Doch dann verstummt der Lärm der Lieder,
derselbe Drang quält ihn schon wieder,
und zwar noch schlimmer als vorher.
Der Widerstand fällt doppelt schwer.
Jetzt würde er es sehr genießen,
die müden Augen sanft zu schließen,
was er sich, mehr und mehr ermattet,
zwar zögernd, aber doch gestattet,
zumal er beinah mühelos

auch Gründe hat für den Verstoß.
Das Augenschließen gilt weithin
als Tätigkeit mit tief'rem Sinn.
Wer's tut, der tut es, weil er strebt,
daß er in höh'ren Sphären schwebt,
da ihm der Trubel dieser Welt
zuwider ist und arg mißfällt.
Erst konzentriert er sich noch frei,
dann senkt sich ein Gefühl wie Blei
auf Denkvermögen und Verstand
und nimmt zusehends überhand.
Das Haupt, das meistens hocherhoben
getragen wird, senkrecht nach oben,
beginnt nach einer der vier Seiten
ins Waagerechte abzugleiten,
wodurch, für alle wahrnehmbar,
sein Gleichgewicht kommt in Gefahr.

Ein Zweiter, daran nicht beteiligt,
der off'nen Augs den Sonntag heiligt,
erwägt dann wohl gedankenvoll,
ob er den Schläfer wecken soll,
der merklich in sich selbst verbogen
und von der Schwerkraft angezogen,
in jedem Augenblick wie tot,
doch krachend umzukippen droht.
Drum überlegt er fieberhaft,
wie er es ohne Aufsehn schafft,
daß er ihm Schmerz und Leid erspare
und ihn vor Spöttelei bewahre,
von Jesu Forderung getrieben,
den Nächsten wie sich selbst zu lieben,
ganz abgesehen davon, daß

er dadurch ohne Unterlaß,
weil nur auf Irdisches fixiert,
den Anschluß an das Heil verliert.

Zivilcourage ist nicht leicht,
weswegen meist viel Zeit verstreicht,
bis man die Folgen seiner Tat
erwogen und berechnet hat,
anstatt auf Anhieb und spontan
auch auszuführen seinen Plan.
Eh' man zu Taten übergeht,
ist's dann, zum Glück, oft viel zu spät.

Der andre äußert Lebenszeichen,
Haltlosigkeit und Ohnmacht weichen.
Mit einem Ruck setzt er sich grade,
die Predigt ist zu Ende, schade.
Er hat, von Müdigkeit besiegt,
nichts, wirklich gar nichts mitgekriegt.
Was der Herr Pfarrer dem, der sündigt,
nachdrücklich einschärft und verkündigt:
Gott will ermuntern, mahnen, strafen,
besonders ihn – hat er verschlafen.
Jedoch was geistlich ist zerronnen,
das hat er körperlich gewonnen.
Versehn mit neu geschenkter Stärke
geht er von dannen und zu Werke.

Wenn ihn zu Hause jemand fragt:
»Was hat der Pfarrer denn gesagt?«
so ist er keineswegs verlegen.
»Um Sünde ging's. Er war dagegen.«,
womit er ohne viel Bombast

Entscheidendes zusammenfaßt.
Es macht ihm Mühe zu verstehn,
daß andre nicht zur Kirche gehn.

Entschuldigungen

Ein Christenkind lernt meist schon früh:
Am Feiertag versäume nie,
zum nächsten Gottesdienst zu gehn
und Gottes Beistand zu erflehn.

Obwohl derjenige zwar sollte
und innerlich sogar auch wollte,
fällt Folgerichtigkeit ihm schwer,
und viele Plätze bleiben leer.

Nun ist der Mensch seit Adams Zeiten,
befürchtend Unannehmlichkeiten,
ein Meister, sich darin zu üben,
die Schuld auf andere zu schieben:

Die Schlange ist der Übeltäter,
die Eva folgt ein bißchen später,
und wie seither die Schlangen heißen,
die Gift verspritzen ohne Beißen:

Ein anschmiegsames Frauenzimmer
bei zauberhaftem Kerzenschimmer,
ein schlechter Klassenkamerad,
ein schnöder Oberstudienrat;

die günstige Gelegenheit,
die Vorkriegs-, Kriegs- und Nachkriegszeit,
gesellschaftliche Hintergründe,
die Macht des Satans und der Sünde.

Windbeutelein in diesem Stile
gibt's, wie man weiß, unendlich viele.
So muß auch für den Sonntagmorgen
kein Mensch um Ausflüchte sich sorgen:

Ich steige in die Badewanne,
ich bin zu Willen meinem Manne,
ich will das Frühstück erst genießen,
ich muß noch meine Blumen gießen.

Ich muß mein neues Auto putzen,
ich muß die alten Rosen stutzen,
ich muß an meine Oma schreiben,
ich muß in meinem Treibhaus treiben.

Der Weg zur Kirche ist zu weit,
ich leide an Schwerhörigkeit,
die Bänke sind so furchtbar hart
und an der Heizung wird gespart.

Die Predigt ist viel zu politisch
und andrerseits zu wenig kritisch;
die Geistlichkeit steht durchweg links,
und überhaupt, mir reicht's, mir stinkt's.

Ich meditiere nur im Stillen,
im Traum erfahr ich Gottes Willen,
ich kann am Meeresschwall mich laben,
solln die gehn, die es nötig haben.

Ich tu jetzt mein Ergebnis kund:
Für jede Tat gibt's einen Grund
und, was ich noch bestätigt finde,
für ein Versäumnis tausend Gründe.

Kollekte

Zum Schluß ein Wörtchen zur Kollekte,
die manchen schon zutiefst erschreckte,
weil er, im Grund ein Egoist,
dergleichen allzu leicht vergißt.
Es fehlt ihm auch in vielen Fällen
an Phantasie, sich vorzustellen,
daß, wie's auch um ihn selber steht,
es anderen noch schlechter geht.

Wird ihm der Beutel vorgehalten,
verzieht sich sein Gesicht in Falten.
Selbst wer nicht ausgesprochen sündlich,
der ist in diesem Punkt empfindlich
und, wenn er sonst auch Spaß verträgt,
hier nicht zum Scherzen aufgelegt.
Wer auf sein Barvermögen zielt,
hat ganz und gar mit ihm verspielt.

Im ersten Augenblick des Schrecks
durchschauert ihn ein Fluchtreflex,
und butterweich sind seine Kniee.
Er schaut sich um, wohin er fliehe.

Doch fühlt er sich fast wie gefesselt,
weil vorn und hinten eingekesselt,
und wie ein Jungtier in den Zähnen
von beutehungrigen Hyänen.

Indem er greift zum Portemonnaie,
kommt ihm die rettende Idee.
Er hat von Auslandsaufenthalten
noch ein paar Cents zurückbehalten,
die lose in der Tasche sitzen,
obwohl sie eigentlich nichts nützen.
Er gibt sein Geld mit froher Miene,
auf daß es guten Zwecken diene,
verbindend derart höchst bequem,
was nützlich ist und angenehm,
und sich erinnernd an's Prinzip:
Wer fröhlich gibt, den hat Gott lieb.

Vom Lauf der Zeit

Von der Wiege bis zur Bahre

Ein Mensch, sobald er auf der Welt,
gerade aus dem Ei gepellt,
mit andern Worten, neu geboren,
steckt bis zu den zerknautschten Ohren
vom Allerwertesten zum Bauch
nicht nur in Windeln, sondern auch
in einem Wirrwarr von Geboten,
die sein Geschick zusammenknoten.
Erst wenn das zuständige Amt
testiert, woher und daß er stammt,
besteht und existiert er echt,
im innerstaatlichen Geflecht.
Bestimmungen und Formulare
vom Kaiserschnitt bis hin zur Bahre.
In sie bleibt er hineingeklemmt,
als trüge er ein Kettenhemd.
Dies ist verboten, jenes Pflicht:
Du sollst. Du mußt. Das darfst du nicht.
Sei leise. Iß. Trink ja nicht. Trink's.
Geradeaus. Nach rechts. Nach links.
Vokabeln lernen. Füße waschen.
Gehorsam sein und niemals naschen.
Parkett und Rasen nicht betreten.

Den Helm ab, niederknien zum Beten.
Umleitung, Einbahnstraße, Stop.
Ins Bett. Heraus. Marsch, marsch.
                    Hopp, hopp.
Dreimal pro Tag. Das ist tabu.
Genug damit. Wähl SPU.
Der Mensch, kaum weiß er, was geschah,
sagt, wie von ihm erwartet, ja.
Doch macht er's schließlich keinem recht
und fühlt sich eher schwach und schlecht,
als Punchingball und Nervenbündel.
Es quält ihn Unwohlsein und Schwindel.
Er weiß, zerhackt in lauter Scheibchen,
kaum, ist er Männchen oder Weibchen.
Er faßt den Plan, er selbst zu sein,
und sagt zum ersten Male: Nein!
Nun fühlt auch ohne Alkohol er
sich in der Welt erheblich wohler.

Meine Zeit steht in deinen Händen

Ein Jahr ist um. Man zieht Bilanz.
Was ist vergangen, was geblieben?
Verdruß, Enttäuschung, Dissonanz?
Vertrauen, Hoffen, Lieben?

Ein neues Jahr steht vor der Tür.
Wie wird Verborgenes sich entfalten?
Noch lebe ich. Warum? Wofür?
Wer wird den Sieg behalten?

In deiner Hand steht meine Zeit;
dir, Gott, darf ich mich anvertrauen.
Du hast mich von dem Zwang befreit,
erstarrt zurückzuschauen.

Auch morgen bleibst du Gott und Herr,
wirst nie und nimmer von mir lassen.
Hilf gnädig, daß ich mich nicht sperr,
die Chancen zu erfassen.

Mai

Ein Glück, April ist bald vorbei!
Willkommen, lieber Monat Mai,
denn Dichterherz und Dichtermund
füll'n sich mit Worten, süß und bunt.
Das Herz ist voll, der Mund läuft über,
Der Dichter dichtet wie im Fieber,
als ob es von alleine dichtet.
Aufwallt, was lange zugeschichtet,
spontan drängt sich's empor ans Licht,
Verlangen, Farbe, ein Gedicht
mit schier vulkanischen Gewalten,
durch nichts und niemand aufzuhalten.

Gesang wird laut in Moll und Dur,
es singt der Mensch, es singt Natur.
So war's bei den verblich'nen Ahnen,
Normannen, Wikingern, Germanen,
wenn sie ihr Fell nun wieder sonnten

und dabei sangen, wie sie konnten,
zwecks der Gewinnung einer Braut,
nicht schön und edel, aber laut.

Genau genommen, sind's zwei Triebe,
meist eng vereint: Gesang und Liebe.
Aus allen Bäumen, Büschen, Hecken,
an allen Rundungen und Ecken,
durch alle Schnäbel, Mäuler, Kehlen,
in allen Herzen, allen Seelen,
im Wasser, in der Luft, zu Land,
soweit das Firmament sich spannt,
da blökt es, muht es, kräht es, summt es,
miaut es, wiehert es und brummt es,
da schnatter's, zwitschert's, klappert's,
                                knurrt's,
girrt's, quakt's, quiekst's, krächzt's, zirpt's,
                          pfeift's und surrt's,
so wunderschön, so wunderbar,
so kunstvoll und elementar,
daß selbst die größten Komponisten
erblassen und verstummen müßten:
Ein tausendstimmiger Akkord
in Ost und West, in Süd und Nord.

Die Liebe ist's, die Himmelsmacht,
gebündelt und vertausendfacht
in jeder Knospe, jeder Blüte,
in jedem menschlichen Gemüte,
entfacht und angespornt vom Streben
nach Leben, Leben, Leben, Leben.
Der Zauberstab des Monats Mai
macht Riesenenergien frei,

die vorher in verborg'nen Tiefen
untätig warteten und schliefen.
Was immer sich entfalten kann,
fängt jetzt zu blühn und wachsen an,
und all das heftige Geschiebe
entspringt aus Liebe, nur aus Liebe.

Selbst jene, die sonst selten sangen,
beginnen, damit anzufangen:
Der Bauer fährt auf seinem Tracker,
ein Liedchen singend, durch die Acker.
Die Bäuerin, die Forke schwingend,
entfernt den Mist des Kuhstalls singend.
Es singen Mägde, singen Knechte,
getrieben durch geheime Mächte.
Ein Baby, das am Schnuller lutscht,
fühlt sich zum Singen aufgeputscht.
Die Oma singt im Altersheim,
und singend schlürft sie Haferschleim.
Ein Mann singt in der Badewanne,
dazwischen singt das Kind im Manne.

Auch ich sing mit, wenn alles singt,
weil Dankbarkeit mein Herz durchdringt,
in bunt gemischten Jubelchören.
Wer Ohren hat, der kann es hören.
Es tönt und klingt voll Überschwang
ein unaufhörlicher Gesang,
womit die Lebewesen proben,
gemeinsam ihren Herrn zu loben,
der im Beginn durch seinen Ruf
dies Wunderwerk aus Nichts erschuf.
O Leser, tu doch auch den Schritt:
Sing einfach mit den andern mit!

Heilig Abend

Einmal im Jahr im Schein der Kerzen,
wenn die Nächte lang und dunkel sind,
wenn die Welt erstarrt in Frost und Wind,
erfüllt ein warmer Hauch die Herzen.

Einmal im Jahr, wenn Menschen klagen,
keiner bleibe stehn und habe Zeit,
keiner sei zur Freundlichkeit bereit,
gibt's Grund, der Schwäche zu entsagen.

Einmal im Jahr, wenn in Geschäften
Lieder säuseln und der Umsatz steigt,
wenn die Menschlichkeit betreten schweigt,
kommt Menschliches zu neuen Kräften.

Einmal im Jahr, wenn unentschieden
alter Haß auf beiden Seiten tobt
und die völlige Vernichtung probt,
ertönt trotzdem das Wort vom Frieden.

Einmal im Jahr, wenn unverfroren
die Gewalt die Oberhand behält
und der Schrei der Unterdrückten gellt,
wird irgendwo ein Kind geboren.

Einmal im Jahr in Christnachtsmessen,
wenn der Pfarrer aus der Bibel liest,
die Gemeinde andachtsvoll genießt,
wird Jesus Christus fast vergessen.

O Gott, in Niedrigkeit verborgen,
tritt hervor und bleibe, jeden Tag,
daß ich täglich dir zu folgen wag
in Leid und Freude, heut und morgen.

Silvester

Zu Ende geht das alte Jahr.
Nur du, Herr, bist unwandelbar,
wenn pausenlos im Lauf der Zeiten
Jahrtausende vorübergleiten.

Du bist der Halt, wenn alles wankt,
der Stab, um den der Wein sich rankt,
ein Anker, wenn die Schiffe treiben.
In dir, Herr, kann und will ich bleiben.

So lege ich, was mir gelang,
Erfolg, Gewinn und Überschwang,
was überdauern wird dies Ende,
vertrauensvoll in deine Hände.

Doch auch, Herr, was mir nicht gelang,
Verzweiflung, Scheitern, Niedergang,
was mich vertrieb von deinen Wegen,
darf ich in deine Hände legen.

Du weißt, o Herr, von meiner Schuld
und hast trotzdem mit mir Geduld.
In deine Liebe laß mich tauchen,
doch dein Erbarmen nicht mißbrauchen.

Was auch das neue Jahr mir bringt;
wenn Gutes, das ich will, mißlingt,
laß mich die Hoffnung nicht verlieren
und hilfreich deine Nähe spüren.

Jahreswende

Da sitzt ein Mensch am Jahresende,
den Kopf gestützt in beide Hände,
und tut, woran es oft gebrach:
Er denkt, denkt über alles nach.
Und wie er da so sitzt und denkt,
sich prüfend in sich selbst versenkt,
ergibt es sich, daß die Gedanken
wild wuchernd durcheinanderranken.
Teils ruhn sie an der Oberfläche
und schrumpfen ein vor lauter Schwäche,
teils plustern sie sich auf und münden
in tiefen Ab- und Hintergründen.

So formt sich bei der Denkerei
ein dampfender Gedankenbrei,
Gerichtsposaunen, Engelszungen,
Erwartung und Erinnerungen:
Erfreuliches, jedoch zerbrechlich,
Lautstarkes, aber nebensächlich.
Nur wenig Antworten, meist Fragen;
Erfolge, aber auch Versagen.

Er ist bemüht, sich zu besinnen:
Reform von außen und von innen.
War alles wichtig, was er tat?
Wie weit gedieh die gute Saat?
Muß er nicht kräftig Unkraut jäten
im Garten der Prioritäten?
Wird's Zeit, Wildwuchs zurückzuschneiden
und sich allmählich zu bescheiden?
Muß er sich andrerseits entschließen,
was welkt, zu düngen und zu gießen?

Nun weiß der Denker, der da denkt,
sein Denken ist und bleibt beschränkt.
Was er vor Augen hat und kennt,
ist nur ein winziges Segment
von Möglichkeiten, Kräften, Dingen,
die je entstanden und vergingen,
von dem, was war und ist und kommt,
was Menschen schadet oder frommt.

Er wird die Wahrheit nie durchschauen.
Doch bleiben Hoffnung und Vertrauen,
daß Gott, die gute Kraft der Welt,
ihn trotzdem akzeptiert und hält.
So kann er in die Zukunft schreiten,
und Gottes Geist wird ihn begleiten
in guten und in bösen Tagen.
Drum darf er wagen und ertragen,
was, ob er Mut hat oder bangt,
der Augenblick von ihm verlangt.

Zum neuen Jahr

Ein Mensch, begabt mit frohem Sinn,
kratzt sich bedeutungsvoll am Kinn
und spricht am Ende eines Jahres
zufrieden und erfreut: »Das war es!
Ich konnte mir Verschied'nes gönnen,
es hätte schlimmer kommen können,
und ist auch vieles in der Schwebe,
Hauptsache ist es, daß ich lebe.
Mit Energie und eigner Kraft
hab' ich Erstaunliches geschafft.
Wenn andre auch vor Ärger toben,
ich muß mich wirklich selber loben.
Es gilt, Vertrauen zu entfalten.
Der Fortschritt ist nicht aufzuhalten,
und sicher wird das nächste Jahr
noch besser, als das letzte war.«

Ein anderer, von Sorgen blaß,
fragt sich erschrocken: »War es das?
Ich hab' mir nichts gegönnt, trotzdem
war's eher trist als angenehm.
Die Erde ist ein Jammertal,
mit einem Wort: katastrophal.
Ich hab's versucht mit aller Kraft,
umsonst, ich bin so abgeschlafft,
dazu, sieht das auch keiner ein,
ein ganz bedauernswertes Schwein.
Entgegen all den Fortschrittsphrasen
muß ich ganz einfach Trübsal blasen.
Wahrscheinlich wird das nächste Jahr
noch schlimmer als das letzte war.«

O Leser, Menschen sind verschieden,
zufrieden oder unzufrieden,
dick oder dünn, klug oder dumm,
gerade denkend oder krumm.
Der eine gibt zu Protokoll:
Das Glas des Lebens ist halb voll.
Der andre sagt gedankenschwer:
Das Glas des Lebens ist halb leer.
Der zeigt sich ruhig, der ergrimmt.
Was ist empfehlenswert? Was stimmt?

Es kommt, so sagt ein weiser Mann,
ganz auf die Perspektive an,
denn je nachdem, wie man's besieht,
es ist ein Riesenunterschied.
Ein andrer Blick zur rechten Zeit
eröffnet neue Wirklichkeit.
Deshalb mein Rat Dir zum Geleite:
Bekuck's mal von der andern Seite!
Es schlackern Dir die Augenlider.
Du kennst die Dinge kaum mehr wieder.

Ich wünsch Dir zu Beginn des Jahrs
am ersten Tag des Januars
vor allem einen klaren Blick
verbunden mit ein bißchen Glück
und, kommt's Dir unerträglich vor,
was immer hilfreich ist: Humor.

Genesungswünsche

O Mensch, an den ich mich hier richte
mit einem eigenen Gedichte,
es kam mir irgendwie zu Ohren,
das Schicksal habe Dich geschoren,
geschnappt, gebeutelt und gerupft,
so wie ein Huhn, das erst noch hupft
und plötzlich, kopflos und verhutzelt,
in irgendeiner Pfanne brutzelt.
Es fragt verzweifelt, wenn auch stumm:
»Warum geschah mir dies, warum?«
Jedoch der Koch hat andre Sorgen,
als ihm sein Henkerohr zu borgen.

Du warst krank oder bist es noch,
stöhnst unter einem schweren Joch,
das Dich behindert und bedrückt.
Du gehst nur mühsam und gebückt,
falls Du nicht gar aus Kraftverlust
das Bett für länger hüten mußt.
Du kommst Dir vor als Trauerkloß,
verloren und besinnungslos,
ringsum nur Finsternis und Trümmer
und nirgendwo ein Hoffnungsschimmer.
Du fühlst Dich einsam und verlassen
und kannst Dein Mißgeschick kaum fassen.

Auch ich hab solches durchgemacht.
Deswegen hab ich mir gedacht,
es sei begründet, Dir zu schreiben
und nicht im Hintergrund zu bleiben.

Ich kann Dich zwar von Deiner Pein
nicht durch ein Zauberwort befrein
und kann mit gut gemeinten Zeilen
bestimmt nicht Deine Wunden heilen.

Trotzdem versprech ich mir dabei,
daß mein Bemühn nicht nutzlos sei:
Ich hoffe, Dich durch mein Gedenken
von den Beschwerden abzulenken,
so daß Du kurze Zeit vergißt,
in welchem Zustand Du jetzt bist.
Vielleicht gelingt es mir im weiter'n,
Dich zu erfreun und zu erheitern,
so daß Du wieder hupfst und flatterst
und frischen Lebensmut ergatterst.
Wenn Du vergnügt im alten Mist
umherläufst, gackerst, scharrst und frißt.

Nun wünsche ich Dir alles Gute
auf zukünftiger Lebensroute,
und führt Dich auch Dein Weg einmal
durch ein beengtes, dunkles Tal,
den Kopf hoch und verzweifle nicht!
Am Horizont erscheint schon Licht.
Wirst Du von seinem Strahl getroffen,
dann stehn Dir Möglichkeiten offen,
die Dir, von Angst und Tränen blind,
noch durch die Nacht verborgen sind.

Geburtstag

Wenn irgendwer Geburtstag hat,
dann findet große Freude statt,
daß irgendwo und irgendwann
besagte Frau, besagter Mann
aus einem fast zu engen Loch
schier aus dem Nichts ins Dasein kroch.

Wenn irgendwer Geburtstag hat,
dann findet Überraschung statt,
wie schnell ein Jahr, das kaum begann,
vorübereilte und verrann
und daß des Lebens Galgenfrist
schon wieder eingeschrumpelt ist.

Wenn irgendwer Geburtstag hat,
dann findet meist ein Glückwunsch statt
per Telefon von Haus zu Haus,
durch einen bunten Blumenstrauß,
beziehungsweise, so wie hier,
durch ein beschriebenes Papier.

O Mensch, der Du Geburtstag hast,
nimm diesen Brief, von mir verfaßt,
anstelle wertvoller Geschenke
als Zeichen, daß ich an Dich denke.
Das ist die Absicht des Gedichts –
gewiß nicht viel, doch mehr als nichts.

Im Grunde deut ich damit an,
daß wenig auch sehr viel sein kann,
sobald man erst einmal entdeckt,
was eigentlich dahintersteckt.
Nur das ist wirklich wesentlich.
Dahinter stecke diesmal – ich.

Zum neuen Lebensjahr

Verehrter, lieber Zeitgenosse!
Schon wieder bist Du eine Sprosse
emporgestiegen auf der Leiter,
die immer höher führt und weiter,
obwohl Dir niemand prophezeit,
wie hoch Du kletterst und wie weit.
Nur eins ist unbestreitbar klar:
Verstrichen ist erneut ein Jahr,
ein langes Stück der kurzen Frist,
die unser Erdendasein mißt,
wobei man fragen kann: Je nun,
was sonst soll so ein Jahr denn tun?
Es liegt nun mal im Lauf der Zeiten,
daß sie beständig vorwärtsschreiten.
Teils reißen sie uns dabei mit,
teils halten wir nur mühsam Schritt.
Es bleibt kaum Ruhe zu verschnaufen.
Wir müssen immer schneller laufen,
obwohl wir täglich älter werden
mit täglich wachsenden Beschwerden.

Nun denn, es sei dem, wie es sei.
Dies Lebensjahr ist jetzt vorbei.
Glücklicherweise steht dafür
bereits ein neues vor der Tür,
für uns, vom Sturm der Zeit umtost,
wahrhaftig ein gewisser Trost.

Zwar steht genauso eisern fest:
Mit diesem Tag beginnt der Rest
der Lebenszeit, die Dir bestimmt,
bevor der Lebensdocht verglimmt.
Doch zur Verzweiflung ist kein Grund,
denn also lautet der Befund:
Wiegt die Vergangenheit auch schwer,
die Zukunft wiegt erheblich mehr.
Sie ist für alles Gute offen,
ermöglicht Glauben, Lieben, Hoffen.
Was auch im einzelnen geschieht,
wohlan, sei Deines Glückes Schmied.

Ich wünsche Dir, die Möglichkeiten,
die unentwegt vorübergleiten,
sofort und mutig zu ergreifen,
nicht wegzurennen und zu kneifen.
Ich wünsch Dir Kräfte durchzuhalten,
wenn's gilt, das Leben zu gestalten,
und Konsequenz, daß Du bewußt
so handelst, wie Du handeln mußt.

Mit diesem gutgemeinten Rat
beendige ich mein Traktat.
Bevor ich mich zum Ende spute,
faß ich zusammen: Alles Gute!

Nimm jedes Jahr aus Gottes Hand

Verehrter Mitmensch! Du hast Glück,
blickst wieder auf ein Jahr zurück.
Du atmest, siehst die Sonne, bist,
kehrst heim, bewegst Dich, trinkst und ißt.
Du schläfst ermüdet ein, erwachst,
erinnerst Dich, entscheidest, lachst,
auch wenn Enttäuschung, Schmerz und Plagen
Dein Glück bedrohen und benagen.
Denn nur Erfolg, Gesundheit, Frieden
sind keinem Sterblichen beschieden.

Ein Lebensjahr ist abgelaufen,
Gelegenheit, um zu verschnaufen,
um systematisch durchzugehn:
Was ist mißlungen, was geschehn?,
und für das künftige Bemühn
die Folgerung daraus zu ziehn.

Ich hoffe, daß dieses letzte Jahr
zumindest ausgeglichen war,
falls nicht sogar ein klares Plus
verblieb an Freude und Genuß.
Noch viele Jahre wünsch ich Dir
voll Aufbruch, Mut, Kritik, Pläsier,
Erfahrungen, Ideen und Dingen,
die festigen und weiterbringen.

Ich hoffe, daß ich Dich nicht kränke:
All diese Jahre sind Geschenke,
nichts, was Du aus Dir selbst begannst,
was Du rechtmäßig fordern kannst;
nichts, was man sich aus eigner Kraft
mit Wissen, Geld und Fleiß beschafft,
so wie man etwas, das gefällt,
aus einem Katalog bestellt
und dann zurückschickt, wenn es nicht
den Preisen und dem Wunsch entspricht.

Dagegen wisse: Eins ist Dein,
und dies gehört Dir ganz allein:
Der Augenblick, das Hier und Jetzt,
von vielen zu gering geschätzt.
Ihn sollst Du hoch in Ehren halten,
zielstrebig schmieden und gestalten.
Benutz den kurzen Augenblick
mit Überlegung und Geschick,
als ob es um das Ganze ginge
und alle Welt davon abhinge.
Gebrauch Verstand und Phantasie.
Voran, greif zu! Jetzt oder nie!
Bist Du dem Augenblick geweiht,
ist dies ein Schritt zur Ewigkeit.

Nimm jedes Jahr aus Gottes Hand,
als sei's Dir zum Geschenk gesandt,
doch wuchere mit Augenblicken,
als sei es Dein Werk, daß sie glücken.

Liebe

Sobald ein Mensch Geburtstag hat,
dann findet Überraschung statt,
wie schnell und unabänderlich
das letzte Lebensjahr verstrich.
Der Mensch erführt ja von Natur
Zeiträume anders als die Uhr,
die, wenn sie leise tickt und tackt,
die Zeit in gleiche Stücke hackt
und objektiv-mechanisch mißt,
egal, ob's schön, ob's traurig ist.
Der Mensch mißt individuell:
Ist's schön, verrinnt die Zeit zu schnell.
Verliert das Leben Lust und Sinn,
dann zieht sie sich unendlich hin.

Auch wird der Mensch im Lauf von Jahren
wahrscheinlich folgendes erfahren:
Am Anfang scheint er durch die Zeiten
im Schneckentempo hinzugleiten.
Allmählich kriegt die Zeit Propeller,
von Jahr zu Jahr verfliegt sie schneller.
Darauf beginnt sie wegzustieben
wie von Raketen angetrieben.
Zuletzt verkrümelt sich die Zeit,
so scheint's, mit Lichtgeschwindigkeit.

Zwar zeigt sich auf der Lebensreise:
Er wird normalerweise weise,
doch merkt er auch, sobald er klug,
er ist nie wirklich klug genug.

Er hängt noch stets an vielen Dingen,
die längst verschwanden und vergingen,
beansprucht, was er nicht besitzt,
und klagt, obwohl es keinem nützt.
Er sagt: »Ich hätte« und »Ich wäre«,
zieht selbst aus gar nichts eine Lehre,
hält's aber für der Mühe wert,
daß er die anderen belehrt.

Das Leben strotzt von wunderlichen,
unausrottbaren Widersprüchen.
Ich wünsche Dir in solchen Lagen
Geduld und Kraft, sie zu ertragen.
Bedenke, wenn Du andern grollst,
auch Du bist nicht so, wie Du sollst.
Genieße das Geschenk der Zeit
mit Umsicht und Gelassenheit
und laß Dich nicht zu Boden boxen
von all den vielen Paradoxen,
die Dich von außen überfallen
und sich in Dir zusammenballen.

In diesem Sinn mein Kommentar.
Viel Glück im neuen Lebensjahr!

Von Heiliger Schrift und heiligen Menschen

Die Bibel

Die Bibel zieht als breite Spur
sich durch die Weltliteratur,
in vielen Sprachen übersetzt,
rund fünfzehnhundert sind's bis jetzt.

Als Dokument für alle Christen,
die gerne mehr vom Glauben wüßten,
drang sie bis an den fernsten Ort
als Buch der Bücher, Gottes Wort.

Es ist das Alte Testament
vom Neuen zeitlich zwar getrennt,
jedoch weil Jesus Jude war,
stehn sie in einem Exemplar.

Als David Israel regierte,
man erste Bruchstücke notierte,
und zwar hebräisch. Dabei ging's
beim Schreiben stets von rechts nach links.

Als Leitmotiv durch alles zieht
sich wie bei einem Dankeslied:
Gott ist der Herr von Welt und Land,
er hält auch mich in seiner Hand.

So sammelte und schrieb man später,
wie aus Ägypten flohn die Väter,
was in der Wüste sie erlebten
und wie nach Kanaan sie strebten.

Befand sich Gottes Volk in Nöten,
dann waren oft es die Propheten,
die tröstend oder auch im Zorn
Gottes Gerechtigkeit beschworn.

Auch im NT trug man zusammen
Schriftwerke, die von vielen stammen,
in Griechisch. Dies galt im Verkehr
fast um das ganze Mittelmeer.

Die Schreiber sind davon getrieben:
Jesus ist nicht im Tod geblieben.
In seinem Reden, Leiden, Leben
hat Gott sich selber preisgegeben.

Was Paulus den Gemeinden schreibt,
für diese sein Vermächtnis bleibt
in Glaubens- und in Lebensfragen
von damals bis zu unsern Tagen.

Es zieht sich wie ein roter Faden
durch jeden Brief: Allein aus Gnaden;
daß wir trotz aller Schuld und Sünden
durch Christi Blut Erlösung finden.

Was mündlich umläuft unter Christen,
das haben die Evangelisten
gesammelt, redigiert, durchdacht
und auf Papyros dann gebracht.

Als erster Markus, ca. 70,
auf diesen neuen Kurs begibt sich.
Doch bleibt Jesu Besonderheit
verhüllt durch seine Niedrigkeit.

Matthäus stellt für Juden dar,
daß Jesus längst verheißen war.
Für ihn als höchster Leitsatz gilt:
In ihm ist heut die Schrift erfüllt.

Lukas es mehr historisch sieht.
Er forscht, was war und was geschieht.
Er schildert Jesu Lebensgang
im größeren Zusammenhang.

Der Christus bei Johannes spricht:
Ich bin der Hirt, das Brot, das Licht,
der Weg, die Wahrheit und das Leben;
ich bin der Weinstock, ihr die Reben.

Konzilien machen reinen Tisch:
sie sondern aus, was ketzerisch.
Im Kanon konzentriert sich gründlich,
was für die Kirche ist verbindlich.

Im Mittelalter allgemein
liest man die Bibel in Latein.
Die Mönche schreiben mühsam sie
auf Pergament von Hörnervieh.

Johannes Gutenberg aus Mainz,
er druckt die Bibel Nummer eins
und setzt den ersten Text einstweilen
in jeweils 42 Zeilen.

Unglaublich, ganze Kälberherden
für jeden Band benötigt werden,
rund 170, deren Häute
sind ein Vermögen für die Leute.

Als Luther auf der Wartburg sitzt,
er seine freie Zeit benützt,
um das NT zu übersetzen,
was gar nicht hoch genug zu schätzen.

Er, der bekanntlich niemals faul,
schaut, wie er sagt, dem Volk auf's Maul.
Sein Werk gelingt so meisterhaft,
daß er die deutsche Sprache schafft.

Er richtet sich nach der Devise,
daß jedermann, auch Hans und Liese,
sich ohne Studium und Pfaffen
Einblick in Gottes Wort verschaffen.

Die Bibel sich nur dem erschließt,
der sie gebraucht, bedenkt und liest.
Dann zeigt sie klar, wie Gott uns liebt,
was er verlangt, und was er gibt.

Babel

Die Menschen, jedenfalls die meisten,
bemühen sich, etwas zu leisten.
Denn wer sich irgendwie betätigt,
fühlt sich durch Leistung selbst bestätigt.
Auch wünschen viele sich auf Erden,
von andern anerkannt zu werden,
so daß ein Dichter davon dichtet,
vielleicht das Fernsehn life berichtet
und Schüler dieses noch in fernen,
nachfolgenden Epochen lernen.
Schon mancher hat im Größenwahn
selbst Sittenwidriges getan,
damit sich selbst zum Lob und Preise,
er seine Wichtigkeit beweise.

Ein Beispiel, das fast jeder kennt,
steht schon im Alten Testament.
In Babel, so erzählt die Bibel,
entwickelte sich jenes Übel.
Die Menschen, voller Selbstvertrauen,
beschlossen, einen Turm zu bauen,
ein Superbauwerk ohnegleichen.
Es sollte bis zum Himmel reichen,
damit die andern voller Neid
bestaunten diese Neuigkeit.
Gott aber, der von oben sah,
was aus Vermessenheit geschah,
sprach: »Diesem Anfang will ich wehren;
ich will sie Selbstbeschränkung lehren.
Sie sollen zwar nicht untergehn,

doch werden sie sich nicht verstehn.«
Zur Einigung nicht mehr imstande,
zerstoben sie in alle Lande.

Der Hochmut ist nicht abgeflaut.
Es wurde anderes gebaut:
Paläste, Burgen, Pyramiden,
Triumphkolosse für den Frieden,
Theater, Brücken, Autobahnen,
Standbilder heldnischer Titanen
zum unantastbaren Beweis
von Menschengröße, Menschenfleiß,
davon, daß menschlicher Verstand
für alles eine Lösung fand,
daß schließlich alles machbar ist,
was irgendwer bisher vermißt,
begonnen oft mit sehr viel Schwung.
Doch dient es der Verständigung?
Dient's der Gemeinschaft, möglichst allen,
statt nur dem einen zu gefallen?

In vielen Fällen gilt bis jetzt,
daß einer sich ein Denkmal setzt,
bestimmt nicht anderen zum Segen,
o nein, ausschließlich seinetwegen!

Sankt Florian

Nich jeder Leser kennt spontan
den Namen von Sankt Florian,
zum ersten, weil er überhaupt
an solche Heilige nicht glaubt,
und zweitens ihm das Wissen fehlt
von dem, was keiner ihm erzählt.

Wer weiterliest, kriegt für die Lücke
die notwendige Wissenskrücke:
Zu einem Heiligen fleht oft,
wer durch ihn auf ein Wunder hofft,
und Florian schützt wunderbar
vor Flammen, Blitz und Brandgefahr.

Der aufgeklärte Zeitgenosse
belächelt dies als reine Posse
und wird sich ungeniert erlauben,
zu sagen, es sei Aberglauben,
wobei es hier wie häufig ist:
Es wird die Konsequenz vermißt.
Es muß als höchst wahrscheinlich gelten,
daß auch der Aufgeklärte selten
dem Wunsch zu widerstehen pflegt,
der sich im Sprichwort niederschlägt:
»O heiliger Sankt Florian,
verschon mein Haus, zünd's nächste an«,
was man seit altersher beschrieb
auch als »Sankt-Florians-Prinzip«:
Ein Pech, das andern widerfährt,
ist weniger bedauernswert.

Ausländer? Selbstverständlich, ja.
Doch bitte mir nicht allzu nah.
Die alten Menschen so allein!
Kann ich das ändern? Leider, nein.
Wie niedlich sieht das Baby aus.
Zum Glück wohnt's nicht in meinem Haus.
Behinderte im Urlaub? Klar!
Natürlich nicht, wo ich hinfahr.

Wie steht es nun mit Florian?
Nichts als ein primitiver Wahn?
Er paßt, die Folgerung klingt hart,
noch haarscharf in die Gegenwart.

Christophorus

Da lebte einst ein junger Mann,
geboren im Land Kanaan,
ein Riese von Gestalt und Kraft,
nachdenklich, klug, gewissenhaft.
Stets mehr verlockte es den Hünen,
dem stärksten Mann der Welt zu dienen.
So brach er auf, sagt die Legende,
damit er diesen Starken fände.
Er fand in Städten und in Staaten
viel einflußreiche Potentaten,
Monarchen, Präsidenten, Zaren,
die weit und breit gefürchtet waren,
doch zeigte sich nach kurzer Zeit:

Sie waren keineswegs gefeit,
zu fürchten größere Gefahr
von einem, der noch stärker war.

So irrte er von Ort zu Ort.
Die Hoffnung war beinah verdorrt,
als ihm ein frommer Eremit
begegnete und ernsthaft riet,
er solle seine Kraft benützen,
um Reisende zu unterstützen,
die durchkamen mit dem Begehren,
den nahen Fluß zu überqueren.

Er rang sich durch zu dem Entschluß,
trug Menschen über jenen Fluß
und dachte mit den Jahren kaum
noch an den frühen Jugendtraum.
Da hörte er des Nachts im Freien
die Stimme eines Kindes schreien:
»Ich bitte herzlich dich, mein Lieber,
bring mich ans Ufer gegenüber.«
Er dachte: »Eine Kleinigkeit«,
und sagte: »Gern bin ich bereit.«

Er ging sofort entschlossen los.
Die Last war wirklich nicht zu groß.
Er hatte Schwereres getragen
in all den Monaten und Tagen.
Doch immer schwerer wurde sie,
so daß er endlich klagend schrie:
»Wer bist du, Kind? Ich kann nicht mehr.
Du bist so klein und doch so schwer.
Ich drohe hilflos wegzusinken
und in den Fluten zu ertrinken.«

Mit Mühe kam er drüben an,
der große, starke, kluge Mann.
Da sprach das Kind: »Die schwere Last,
die du ein Stück getragen hast,
war Christus, der die ganze Welt
erbarmend in den Händen hält.
Hinfort bist du Christophorus.
Du wirst ihn tragen bis zum Schluß.«

Darum gilt er seit altersher
als Schutzheiliger im Verkehr,
um Schiffern, Fuhrleuten und Flößern
die Lebenschancen zu vergrößern.
Für Pilger sowie Autofahrer
erscheint er als ein wunderbarer
Erretter aus Gefahr und Not,
die jeden Reisenden bedroht.
Wer morgens sein Porträt betrachtet,
beschützt es, bis es wieder nachtet.
Drum stand er hoch an Kirchentüren,
an Straßen, die zum Zentrum führen,
wo er noch heut zu stehen pflegt, –
Christophorus, der Christus trägt.

Katharina

Einst lebte in Ägyptenland
ein Mädchen, schön und mit Verstand,
zu stolz, um einen Mann zu wählen
und sich mit diesem zu vermählen,

bis ihr ein frommer Eremit
den wahren Sachverhalt verriet:
Ihr eigentlicher Bräutigam
sei Jesus Christus, Gottes Lamm.

Da taten ihr von Herzen leid
Koketterie und Eitelkeit.
Ein Priester taufte sie darauf,
und das Geschick nahm seinen Lauf:
Sie wurde dringend eingeladen
von ihrer kaiserlichen Gnaden,
daß sie zu einem Opfer käme,
woran der Herrscher selbst teilnähme.
Dort trat sie vor Maxentius
mit unumstößlichem Entschluß
und rief: »Die Heidengötter sind
unfähig, träge, lahm und blind.«

Den Kaiser packten Wut und Zorn.
Man glaubte schon, sie sei verlorn,
doch redete sie so gewandt,
daß der Disput kein Ende fand.
Am Ende ließ man, wie befohlen,
wohl fünfzig Philosophen holen,
um mit vereinten Geistesschlägen
die Gegnerin zu widerlegen.

Jedoch das Gegenteil geschah:
Denn Katharina kam und sah,
und sie besiegte all die greisen,
gebildeten und klugen Weisen,
die, statt die Jungfrau aufzuspießen,
sich ihrerseits nun taufen ließen.

Die Weisen wurden »nur« verbrannt,
Kathrein jedoch aufs Rad gespannt,
und Nägel bohrten sich ins Fleisch –
kein Widerruf, kein Schmerzgekreisch,
so hungerte sie viele Wochen.
Doch ließ sie sich nicht unterjochen.
Als immer mehr dem Mädchen glaubten,
ließ sie Maxentius enthaupten.
Die letzte Ruhestatt fand sie
vielleicht am Berge Sinai.

Es pflegten sie dann anzubeten
die Schulen, Universitäten,
Schuhmacher, Buchdrucker, Juristen
und auf dem Lande viele Christen.
Auch Ehefrau'n und Mädchen kamen
und beteten in ihrem Namen,
die standhaft in Verfolgung blieb,
wie's die Legende fromm beschrieb.

Die Erschaffung des Menschen

1. Mose, 2. Kapitel, Verse 4 und 5

Die Erde war, doch ringsumher
war alles trocken, öd und leer,
als Gott gedachte, daß aus Erde
ein Mensch mit Leib und Seele werde.
Er formte einen Erdenkloß,
so ungefähr einsachtzig groß,

zu Beinen, Armen, Rumpf, Gesicht
und brachte sie ins Gleichgewicht,
so wie ein Töpfer sich bequem
Figuren formt aus weichem Lehm.
Und dem, was vor ihm lag im Grase,
blies Atem er in seine Nase.

Weil dies der Schöpfer selber tat,
war, was dabei entstand, probat.
Der Kloß begann sich zu erheben
und merkte, jetzt war er am Leben.
Was erst bewegungslos und kühl,
durchströmte Wärme und Gefühl;
was vorher schwächlich und erschlafft,
erfüllte nun Vernunft und Kraft.
Ein Glück, zu sehn das Licht der Sonne!
Das Vogelzwitschern, welche Wonne!
Kein Felsgestein, kein Wüstensand,
vier Quellen wässerten das Land.
Im grünen Paradiesesgarten
viel Früchte, die der Ernte harrten.
Kein Wächter war da und kein Zaun,
und alles herrlich anzuschaun:
Orange, Pfirsich, Apfel, Quitte,
der Baum des Lebens in der Mitte.
Das Obst war köstlich und gesund;
nicht weit war's von der Hand zum Mund.
Dem Menschen war es angelegen,
dies Land zu hegen und zu pflegen,
um das Geschaff'ne zu erhalten
und für den Schöpfer zu verwalten.

Dies alles war ein Meisterstück;
doch eines fehlte noch zum Glück:
Ein Lebewesen, das dem Mann
als Freund und Partner dienen kann,
in Herzlichkeit und Harmonie,
vielmehr als Vögel oder Vieh;
geschwisterlich und mütterlich,
zwar anders, doch sein zweites Ich.
»Denn«, sprach der Herr, »es ist nicht gut,
daß er allein tut, was er tut.«

Gott sorgte dafür, daß er tief
und wie bewußtlos weiterschlief,
als ohne Schmerz und aufmerksam
er eine Rippe ihm entnahm,
woraus dann schnell und elegant
ein zweiter Mensch, die Frau, entstand.
Als sie der Mann sah, sah er ein:
»Das ist doch Bein von meinem Bein,
vom Geist verwandt mir und vom Leib.
Sie wird demnächst mein Eheweib.«
Gott freute sich von Herzensgrund
und segnete den neuen Bund:
»In guten und in bösen Stunden
sei sie dem Manne mehr verbunden,
als Vater es und Mutter war.
Sie sind und bleiben stets ein Paar.
Ach würden sie in ihrer Ehe
gemeinsam tragen Wohl und Wehe.
Dann hätte diese Schöpfung Sinn
und alle zögen draus Gewinn!«

Der Sündenfall

1. Mose, 3. Kapitel, Verse 1 bis 24

Adam und Eva lebten beide
zu ihrer und zu Gottes Freude.
Was Menschen brauchen für ihr Leben,
war ihnen überreich gegeben.
Doch dauerte das Glück nicht lange;
es gab da nämlich eine Schlange.
Sie säte voller Hinterlist,
wo sie nur konnte, Streit und Zwist.
Verführerisch sprach sie zum Weibe:
»Ich will nicht stören, nein, beileibe!
Wahrscheinlich ist es gar nicht wichtig.
Doch sage selbst: Verstand ich richtig?
Hat Gott gesagt, es sei vermessen,
die Früchte dieses Parks zu essen?
Er, der doch alles Gute schenkt,
hat euer Recht so eingeschränkt?
Will er nur Knechtschaft und Verzicht?«
»Da irrst du dich, natürlich nicht.
Wir dürfen, um uns zu erquicken,
die Früchte aller Bäume pflücken.
Wir tun es täglich immerzu.
Nur ein Baum ist für uns tabu.
Sobald wir ihn auch nur berühren,
dann würden wir den Tod verspüren.
Durch seine Frucht der Mensch erkennt
das, was man gut und böse nennt.«

Die Schlange darauf raffiniert:
»Gott weiß, wenn ihr das Obst probiert,
so werdet ihr mitnichten sterben,
nein, Einsicht und Verstand erwerben.
Ihr werdet sein wie Gott und wissen,
was Menschen tun und lassen müssen.
Vermutlich ist es nichts als Neid.
Eßt ruhig, und ihr seid befreit.«

Der Eva schien es wie ein Traum.
Sie schlich sich zum Erkenntnisbaum.
Welch Reiz, die Früchte abzureißen
und hemmungslos hineinzubeißen.
Wie lecker! Damit nicht genug:
Sie machten außerdem noch klug.
Ja, wer verdarb ihr diesen Spaß?
Gedacht, getan. Sie nahm und aß.
Darauf gab sie auch ihrem Mann;
der nahm den Apfel dankend an.
Er stutzte zwar, doch blieb er stumm
und fragte nicht einmal: warum?
Dann nahm das Schicksal seinen Lauf.
Es gingen ihre Augen auf,
und sie gewahrten nun exakt,
was sie längst wußten: Wir sind nackt.
Weil sie sich so entsetzlich schämten,
geschah es, daß sie sich bequemten,
um nicht moralisch anzuecken,
das, was sie störte, zu bedecken.
Dies führte dann als Schurzersatz
zum Erstgebrauch des Feigenblatts.

Am Abend hörten sie von fern
spazieren gehen Gott, den Herrn.
Sie flüchteten davon voll Schrecken,
um sich im Dickicht zu verstecken.
Gott sprach: »Wo seid ihr, was ist los?
Warum versteckt ihr euch denn bloß?«
»Als wir bemerkten, wir sind nackt,
hat uns auf einmal Angst gepackt.«
Gott sprach zu Adam: »Offenbar
geschah, was euch verboten war.«

»Nicht ich bin schuld. Schuld ist das Weib,
das du mir gabst zum Zeitvertreib.
Sie hat mich freundlich angelacht,
ich hab mir weiter nichts gedacht.«
Gott sprach zur Frau: »Was tatest du?«
Und sie darauf: »Laß mich in Ruh.
Die Schlange hat mich motiviert
und mich zur Übeltat verführt.«
Worauf der Herr zur Schlange sprach:
»Verflucht seist du für diese Schmach.
Im Staub werd ich dich kriechen lassen.
Du und der Mensch, ihr sollt euch hassen.«

Zum Weib sprach er: »Es soll voll Pein,
dein Stand als Frau und Mutter sein.
Mit Schmerz wirst du darniederliegen
bei Schwangerschaft und Kinderkriegen.
Du sollst nach deinem Mann begehren
und ihn zugleich als Herrscher ehren.«
Zu Adam sprach er: »Deinetwegen
will ich das Land mit Fluch belegen.
Dornen und Disteln wird er tragen,

und nähren sollst du dich mit Plagen
im Schweiße deines Angesichts
als stetes Zeichen des Gerichts.
Von Erde bist du einst genommen,
zu Staub sollst du dereinst verkommen.«
Ein wenig tat der Mensch Gott leid;
drum gab er ihm ein Fell als Kleid.
Doch dann wies er ihn aus dem Garten,
wo seiner Not und Mühen harrten.
Seitdem ein Engel mit dem Schwert
den Weg zum Lebensbaum verwehrt.

Kain und Abel

1. Mose, 4. Kapitel, Verse 1 bis 16

So lebten sie zunächst allein;
dann kam ihr erstes Kind, der Kain.
Ein zweiter Sohn, der Abel hieß,
nicht lange auf sich warten ließ.
Der erste wurde unbeirrt
ein Bauer und der zweite Hirt.

Als eines Tags sie daran gingen,
dem Herrn ein Opfer darzubringen,
nahm Abel Schafe von der Weide,
Kain wählte Früchte und Getreide.

Als Gott die Gabe Kains nicht wollte
und dieser darauf heftig grollte,
sprach Gott zu ihm: »Ich sage dir:
Die Sünde lauert vor der Tür.
Beherrsche sie und laß nicht zu,
daß sie in deinem Herzen ruh.«
Doch Kain, mißachtend das Gebot,
schlug seinen Bruder Abel tot.

Gott sprach: »Dein Bruder ist nicht da.
Wo ist er? Sag mir, was geschah?«
»Ich weiß es nicht«, sprach darauf Kain;
»soll ich des Bruders Hüter sein?«
Gott sprach: »Sein Blut zum Himmel schreit.
Sein Tod verlangt Gerechtigkeit.
Dein Werk sei mühevoll und nichtig.
Du selber seist unstet und flüchtig.«
Kain sprach: »Es wird in später'n Tagen
mich jemand finden und erschlagen.«

»Wer dich erschlägt, dem geh es schlecht.
Dein Tod sei siebenmal gerächt.
Ein Zeichen gebe ich dir mit,
daß keiner dir zu nahe tritt.«
Und Kain, vom Herren abgewandt,
besiedelte ein fernes Land,
das ihm am Ende Zuflucht bot,
jenseits von Eden, namens Nod.

Die Sintflut

1. Mose, 6. Kapitel, Vers 5 bis 8. Kapitel, Vers 22

Gott sah mit Trauern und Bekümmern
der Menschen Bosheit sich verschlimmern,
wie sie bei allem Tun und Trachten
nur noch an Greu'l und Frevel dachten.
So schrecklich wuchs die Schuld der Leute,
daß er sein Schöpfungswerk bereute.
Er sprach: »Ich will, was ich erschaffen,
vertilgen und die Menschen strafen.
Was lebt und webt in weiter Runde,
geht ihretwegen jetzt zugrunde.«

An einem einzigen von allen,
an Noah, hatte er Gefallen.
Denn er versuchte, seinen Willen
in Wort und Taten zu erfüllen.
Zu ihm sprach er: »Du bist mir recht.
Dich rette ich und dein Geschlecht.
Die andern werde ich verderben,
sie soll'n für ihr Verbrechen sterben.
Bau eine Arche aus Zypressen,
dreistöckig, sorgsam ausgemessen,
die Fugen tadellos verpicht,
von allen Seiten wasserdicht;
im Innern Kammern und Verschläge,
und obenan ein Fenster säge.
Ich werde eine Sintflut senden.
Was ist, soll untergehn und enden.
Nur du sollst Schirm und Schutz genießen,
mit dir will einen Bund ich schließen,

der, weil du mein Gebot erfüllt,
auch deiner ganzen Sippe gilt.«
Er trug ihm auf, von allen Tieren
ein Paar zu seinem Floß zu führen
und sie darin, getrennt nach Paaren,
für beß're Tage zu bewahren.
Auch solle er genügend Fressen,
das er dann brauchte, nicht vergessen.

Trotz seiner Zeitgenossen Spott
tat Noah dies und folgte Gott.

Nach kurzer Zeit fiel allerwegen
ein ungewöhnlich dichter Regen.
Es dauerte wohl vierzig Tage
und vierzig Nächte diese Plage.
Das Wasser stieg und hob den Kasten
mitsamt den eingeschloß'nen Lasten,
bis jeder Berg und jeder Hügel
versank im grauen Wasserspiegel
und alles, was sich vorher regte,
ertrank und sich nicht mehr bewegte.

Einhundertfünfzig Tage stand
die Flut und deckte zu das Land,
als Gott dem Strom ein Ende machte,
weil er an sein Versprechen dachte.
Kein Regen fiel mehr, Gott sei Dank,
worauf das Wasser langsam sank.
Ein heißer Wind kam überdies,
der das, was naß war, trocken blies.

Um wirklich Sicherheit zu kriegen,
ließ Noah eine Taube fliegen,

die, weil sie keinen Rastplatz fand,
bald wieder auf der Arche stand.
Ein weiterer Versuch fand statt:
Jetzt brachte sie ein Ölbaumblatt.
Es folgte noch ein dritter Flug,
und Noah wußte nun genug:
Die Taube drehte ein paar Runden,
verschwand sodann und blieb verschwunden.

Die Noahs stiefelten spontan
aus ihrem Zoologenkahn.
Die Tiere auch in langer Reihe
ergossen sich sogleich ins Freie,
ein jegliches mit seinesgleichen,
erfreut, der Enge zu entweichen.
Und Noah brachte am Altar
ein Brand- und Dankesopfer dar,
weil er entronnen war dem Fluch.
Gott roch den lieblichen Geruch:
»Ich will hinfort der Menschen wegen
nicht alle Welt mit Fluch belegen.
Obwohl die Menschheit böse ist
und jede Warnung schnell vergißt,
versprech ich, daß trotz aller Schuld
ich sie in Langmut und Geduld
vor Sturz und Untergang beschütze.
Aussaat und Ernte, Frost und Hitze,
Sommer und Winter, Tag und Nacht,
dies sei für ewig abgemacht.
Ein Zeichen, daß ich euch gewogen,
sei jedesmal der Regenbogen.
Steht er am Himmel, sollt ihr denken:
Gott will verzeihn und Gnade schenken.«

»Selig sind, die Frieden stiften...«

Matthäus, 5 Kapitel, Vers 9

Da lebt ein Christ in dieser Welt,
kein Heiliger und auch kein Held,
ein gottgeliebtes Gotteskind;
ein Kind, wie Kinder eben sind,
von Frust und Mißerfolg gequält,
von guten Vorsätzen beseelt,
bald jämmerlich, bald ritterlich,
das heißt, ein Mensch, wie du und ich.

Er sieht und hört zu seinem Leid:
Es gibt viel Feinschaft, Krieg und Streit.
Er kann das Fernsehn kaum genießen:
Nur Mord, Erpressung, Blutvergießen.
Selbst in der eigenen Gemeinde
befeinden sich intime Feinde,
zu schweigen von den Supermächten,
die hemmungslos um Vorrang fechten.

Er leidet überaus darunter;
das macht ihn traurig und nicht munter,
denn immer tiefer wird der Graben,
weil beide kein Vertrauen haben.

Sogar der Gruß erstarrt zu Eis.
Der kalte Krieg wird wieder heiß.
Man rüstet vor und rüstet nach,
das Feld der Harmonie liegt brach,

und selbst durchs hohe Weltenall
tönt lautlos Kriegstrompetenschall.
Von Tag zu Tag wächst die Vereisung.

Da liest er eine Seligpreisung,
daß selig sind, die Frieden stiften,
das Klima nicht durch Haß vergiften
und Feindliches zusammenschweißen.
Sie werden Gottes Kinder heißen.

Er fühlt sich plötzlich neu bestärkt,
es zu versuchen, weil er merkt:
Er selber ist damit gemeint,
zunächst er selbst, erst dann sein Feind.
Denn ändert er nicht sein Verhalten,
bleibt's der Erfahrung nach beim alten.
Es gilt, den ersten Schritt zu tun
und nicht auf Lorbeern auszuruhn.

Gesagt, getan; ein Mann ein Wort.
Er sucht den Nachbarn auf, sofort –
mit diesem lebte er im Streit –
und sagt zu ihm: »Es tut mir leid.
Ich habe mich nicht gut benommen,
und darum bin ich jetzt gekommen.
Wir können, wenn wir neu beginnen,
nicht viel verlieren, nur gewinnen.«

Der Nachbar ist zutiefst erfreut,
weil ihn auch sein Verhalten reut.
Sie reichen sich gerührt die Hände,
ein kleiner Krieg geht so zu Ende.

Wer weiß, wenn viele dieses täten,
statt Gegensatz Versöhnung säten,
dann würden selbst die Supergroßen
nicht gegen das Gebot verstoßen.
So könnte dann verwirklicht werden
der Engelschor: Frieden auf Erden,
und Gott im Himmel würd gepriesen
durch einen Menschendienst wie diesen.

Viele Glieder – ein Leib

Als Paulus nach Damaskus ging,
damit er dort die Christen fing,
die er als Pharisäer haßte,
weil ihm ihr Gottesbild nicht paßte,
trat Christus selber ihm entgegen,
um seinen Zorn zu widerlegen.
Seit er bekehrt war, trieb es ihn,
hinaus in alle Welt zu ziehn,
um seinerseits davon zu lehren
und viele Menschen zu bekehren.

Auf seinen Reisen kreuz und quer
durch Länder rings um's Mittelmeer
erreichte er die Stadt Korinth,
die war, wie Hafenstädte sind,
denn ein gemischtes Publikum
trieb sich bei Tag und Nacht herum.
Sechshunderttausend lebten dort.
Prostitution, Geschäfte, Sport

verlockten, sich in diesem Kuchen
das große, schnelle Glück zu suchen –
ein beinah ideales Pflaster
für Unrecht, Aberglaube, Laster.
Klein war die reiche Oberschicht,
sonst Proletarier, arm und schlicht;
daneben brauchte man im Hafen
natürlich Tausende von Sklaven.

Gefährlich war, fast aussichtslos
die Arbeit, die er sich erkos.
Sich ins Gewühl hineinzuwagen,
riskierte er wohl Kopf und Kragen.
Nichtsdestoweniger begann
sein Werk der fromme Gottesmann.
Er ließ sich seinen Mut nicht rauben,
gewann sie für den neuen Glauben
und gründete, trotz mancher Feinde,
dort eine christliche Gemeinde.

Wie heute noch, war's damals freilich
die Christen nicht vollkommen heilig.
Den Neubekehrten fiel es schwer,
nicht mehr zu leben wie bisher.
Sie fühlten sich vom Geist befreit
zu selbstbewußter Frömmigkeit,
mit Zungenreden und Visionen
bereit, ihr Frommsein zu betonen,
fest überzeugt, dadurch allein
des ew'gen Heils gewiß zu sein;
von Offenbarungen getrieben,
doch keineswegs bereit zu lieben,
weshalb sie im Gemeinderahmen

kaum Rücksicht auf die Schwachen nahmen.
Besitz des Geistes war Beweis
für schon errung'nen Siegespreis.
So wurde Gott von diesen Christen
herabgewürdigt zum Statisten.

Es gab verschiedene Partein,
die meinten, auserwählt zu sein,
und, statt die Vielfalt zu bejahn,
verächtlich auf die andern sahn.
Sie selbst und nur sie hatten recht,
die andern waren dumm und schlecht.

Doch der Apostel war, wie meist,
nach kurzer Zeit schon abgereist,
und alles wurde, wie fast immer,
als er verschwunden war, noch schlimmer.
So schrieb er ihnen einen Brief,
in dem er sie zum Frieden rief:

Verschieden sind die Gottesgaben,
die Menschen zur Verfügung haben.
Doch ist es stets der eine Geist,
der einigt und zusammenschweißt.
Zwar viele Glieder, doch ein Leib
zu solidarischem Verbleib.
Das Auge anders als das Ohr,
mit je verschiedenem Ressort,
doch keiner besser oder schlechter
und keins des anderen Verächter.
Im Gegenteil in diesem Falle:
Wenn einer leidet, leiden alle.

Dem einen kann's nur gut ergehn,
wenn alle zueinanderstehn.
Die Füße anders als die Hand,
verschieden, aber doch verwandt,
und einer hängt vom andern ab.
Alleine macht bald jeder schlapp.

So sind die Christen alle Glieder
an einem Leib und deshalb Brüder.
Apostel gibt es und Propheten.
Die einen handeln, andre beten.
In Zungen reden, predigen,
Verwaltungskram erledigen,
erklären, Wunder tun und heilen,
Kollekten sammeln und verteilen,
all dies kann Gottes Gabe sein,
wenn sie sich einem Herren weihn
und sich nicht einbilden, deswegen
sei'n sie den andern überlegen.

Ich nehme an, verehrte Leute,
dies schöne Gleichnis gilt noch heute.
Es scheint mir schlechthin meisterlich,
und außerdem, es spricht für sich.

Das Hohelied der Liebe

1. Korinther, 13. Kapitel

Wenn ich mein Gut den Armen brächte
und ständig nur an Christus dächte
und keine Liebe wär in mir,
es wäre unerheblich.

Könnt ich wie Engelchöre singen,
durchs Wort ein Menschenherz bezwingen
und keine Liebe wär in mir,
es wäre ganz vergeblich.

Wär ich um Glanz und Ruhm beflissen
und würde mehr als andre wissen
und keine Liebe wär in mir,
ich würde nichts besitzen.

Würd ich nie ein Gebot verletzen
und könnte Berge gar versetzen
und keine Liebe wär in mir,
es würde mir nichts nützen.

Die Liebe ist nicht eifersüchtig,
stellt sich nicht in den Mittelpunkt;
beachtet das, was recht und züchtig,
und scheut vor dem, was prahlt und prunkt.

Sie haßt nicht mit, wenn alle hassen,
und gibt dem anderen nicht schuld,
sucht sich dem Nächsten anzupassen
und trägt das Leiden in Geduld.

Was Menschen wissen, wird verwehen,
was sie geredet, schnell vergehen.
Was bleibt, bleibt künftig ungenannt,
was ist, versinkt in Schutt und Brand.
Die Wirklichkeit wird zur Legende,
nur Gottes Liebe nimmt kein Ende.

Der Baum

Zuweilen lebt in mir ein Traum,
zu gleichen dem gesunden Baum,
den Jeremia, der Prophet,
beschreibt, wie er am Ufer steht
und dort, von frischem Naß getränkt,
die Wurzeln tief ins Erdreich senkt;
der weder Sturm noch Hitze scheut,
der Menschen und Getier erfreut,
indem er Schutz und Schatten spendet
und seinen Lebenszweck vollendet,
wenn sich die Früchte an den Zweigen
dem Hungernden entgegenneigen.

Dann aber kommt mir in den Sinn,
daß ich im Grunde anders bin:
Beschädigt und zerzaust vom Wetter,
viel totes Holz, verwelkte Blätter,
verhärtet, trocken und versteift,
so daß die Blüte niemals reift;
verbogen, ängstlich, mühevoll,
nicht, wie ich sein kann, wie ich soll;

nicht fähig und bereit zu geben,
beschäftigt bloß zu überleben;
vom inneren Verfall bedroht,
kaum noch lebendig, eher tot.

Doch weiß ich, wenn Versagen quält,
daß Gott verheißt, was mir noch fehlt.
Er möge gnädig an mich denken
und, was ich selbst nicht kann, mir schenken,
damit mein Traum hier auf der Erde
durch seine Kraft verwirklicht werde.

Nachfolge

Ein Christ, von Jesu Wort getrieben,
den Nächsten wie sich selbst zu lieben,
ist öffentlich und auch privat
bereit zu jeder Heldentat,
wobei ein bißchen Ruhm und Ehre
natürlich höchst willkommen wäre.
Doch anders als der Samariter,
wo er gebraucht wird, übersieht er.
Der Kranke in der Nachbarschaft
erfordert leider zu viel Kraft.
Es bringt nur Ärger, keinen Nutzen,
sich seine Hände zu beschmutzen.
Was so gering erscheint und klein,
das läßt er schlicht und einfach sein.

Man fragt sich, ob ein solcher Christ
so, wie es Jesus wollte, ist.
Die Antwort darauf lautet: Kaum!
Zu wenig Liebe, zu viel Schaum.

Gott – wer ist das?

Ein König lebt in fernem Lande,
beinahe an der Schwermut Rande.
»Ich bin jetzt«, spricht er, »längst ergraut,
hab viel gehört und viel geschaut.
Was der Verstand ergründen kann,
zog mich seit je in seinen Bann;
was mit den Sinnen zu erfassen,
darauf hab ich mich eingelassen.
Doch konnte ich in all den Jahren
nur wenig über Gott erfahren.
Beamte, Priester und Propheten,
die sollen schleunigst vor mich treten,
auch Wissenschaftler und Experten,
um Gottes Dasein zu erhärten.«
Nach Ablauf der Dreitagefrist
ist die Gemütsverfassung trist.
Schon spüren all die klugen Herren
des Henkers Seil am Halse zerren.
Da kommt ein Hirt, direkt vom Felde,
und spricht bescheiden: »Herr, ich melde
mich freiwillig, um deinen Willen,
so gut wie möglich zu erfüllen.«

Er führt sie alle in den Garten,
damit sie in die Sonne starrten.
Doch jedermann, vom Glanz geblendet,
die Blicke wieder seitwärts wendet.
»Dies Strahlen«, dann der Hirte spricht,
»ist nur ein kleines, schwaches Licht,
ein Fünkchen seiner Majestät,
vor der ein Mensch im Nu vergeht.
O Herr, du merkst, daß deine Augen,
um Gott zu schauen, gar nichts taugen.
Vielleicht wirst du nun leichter inne:
Es sind zu trüb Verstand und Sinne.«

Dem König dieses Wort gefällt.
Er gleich die zweite Frage stellt:
»Beantworte genauso flott
die Frage mir: Was war vor Gott?«
»Um dir zu helfen, ich empfehle:
Fang an zu zählen, bitte, zähle!«
Der König, überrascht: »Es sei.
Das ist doch einfach. Eins, zwei, drei...«
Der Hirte drauf: »Nicht so ich mein's.
Beginnt mit Zählen noch vor eins!«

Der König fällt in tiefes Denken.
»Ich werde dich noch reich beschenken.
Dies Gleichnis scheint mir wohlbedacht.
Sag mir als letztes, was Gott macht.«
»Ich will nicht viele Worte drechseln,
laß uns dafür die Kleider wechseln.«
Der König legt ab seine Zeichen,
um sie dem Hirt zu überreichen
und zieht sich dessen Kleider an.

Er gleicht nun einem Bettelmann.
Der Hirt dagegen auf dem Throne,
versehn mit Zepter und mit Krone,
sagt: »Dieses wollte ich dir zeigen,
Gott läßt die Hohen niedersteigen;
die unten sind, trägt er nach oben.
Er ist zu fürchten und zu loben.«

Der König, endlich überzeugt,
sich vor dem schlichten Hirten beugt,
und voller Freude, ohne Spott
bekennt er laut: »Jetzt schau ich Gott.«